Robin Rockensüß-Köln

LESEFÖRDERUNG FÜR DaZ-LERNENDE

3-fach differenzierte Texte und Aufgaben
zum Deutschlernen in den Niveaustufen
A1, A2 und B1

Verlag an der Ruhr

IMPRESSUM

Titel
Leseförderung für DaZ-Lernende
3-fach differenzierte Texte und Aufgaben zum Deutschlernen
in den Niveaustufen A1, A2 und B1

Autor
Robin Rockensüß-Köln

Umschlagmotiv
© tynyuk – Shutterstock.com

Lektorat
Christine Schlitt

Sensitivity Reading
Aşkın-Hayat Doğan

Druck
Heenemann GmbH & Co. KG, Berlin, DE

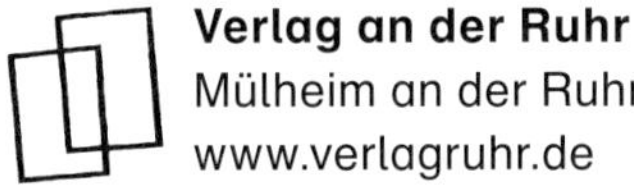

Verlag an der Ruhr
Mülheim an der Ruhr
www.verlagruhr.de

Geeignet für die Klassen 5–8

ISBN 978-3-8346-6500-3

INHALTSVERZEICHNIS

VORWORT

Liebe Lehrer*innen[1],

dieses Lesebuch richtet sich an **12- bis 16-jährige Lernende** mit Deutschkenntnissen der Niveaustufen A1 bis B1 nach dem **Gemeinsamen Europäischen Referenzrahmen für Sprachen (GER)**. Es ist in der **fiktiven Schiller-Schule** und der ebenso ausgedachten Stadt Lengerskirchen angesiedelt und behandelt die **Erlebnisse von Schüler*innen in der Vorbereitungsklasse**.

Das Material eignet sich für den Einsatz im Klassen- oder Kursverband sowie für das Selbststudium. Das Besondere an dieser Textsammlung ist, dass sie Geschichten auf drei Niveaustufen bietet, die inhaltlich nahezu identisch sind. Auf diese Weise können Sie mit nur einem Werk Schüler*innen unterschiedlicher Sprachniveaus unterrichten, ohne dabei auf verschiedene Materialien zurückgreifen zu müssen.
Das vorliegende Buch bietet Geschichten, die die vielfältigen Erfahrungen der Jugendlichen thematisieren, während sie sich in ihrer neuen Umgebung zurechtfinden.

Jeder Geschichte sind Bearbeitungsaufgaben beigefügt. Sie dienen der Überprüfung des Textverständnisses und bieten weiterführende Fragen für Diskussionen und Reflexionen.

Zum besseren Verständnis der Texte gibt es **am Ende des Buches ein Glossar,** in dem schwierige Wörter erklärt werden. Vereinzelt werden in den Texten darüber hinaus andere Begriffe eingeführt, die das übliche Sprachniveau A1 bis B1 übertreffen. Zu diesen gehören einige Komposita und Substantivierungen, die Schüler*innen aus dem schulischen Alltag bekannt sein könnten oder die sich durch den Lesezusammenhang erschließen. Diese gezielte Einbindung ausgewählter Wörter dient der Förderung der selbstständigen Sprachaneignung.

Dieses vielseitige und einfach zu handhabende Lehrmaterial **eignet sich sowohl für den Unterricht als auch für die individuelle Förderung**. Es unterstützt die Schüler*innen dabei, ihre Deutschkenntnisse im eigenen Tempo anzuwenden und zu vertiefen.

[1] Der Verlag an der Ruhr legt großen Wert auf eine geschlechtergerechte und inklusive Sprache. Daher nutzen wir neutrale Formulierungen oder das Gendersternchen, um alle Menschen unabhängig von Geschlecht oder Geschlechtsidentität einzuschließen.
In Texten für Schüler*innen finden sich aus didaktischen Gründen neutrale Begriffe bzw. Doppelformen.

DER ERSTE SCHULTAG

Es ist der erste Tag in der Schule in Lengerskirchen. Viele Kinder und Jugendliche gehen zur Schiller-Schule. Sie freuen sich. Sie sehen ihre Freundinnen und Freunde und Lehrerinnen und Lehrer wieder.

Einige Kinder kommen aus anderen Ländern: aus der Ukraine, Syrien, dem Irak, Afghanistan und der Türkei. Sie kennen nicht viele Leute, aber sie wollen neue Freundinnen und Freunde finden.

Die Lehrerin der Vorbereitungsklasse, Frau Ammer, sagt Hallo zu allen. Sie lacht und fragt: „Woher kommt ihr? Wie alt seid ihr?“

Jana aus der Ukraine meldet sich als Erste und sagt, wer sie ist: „Hallo, ich bin Jana, ich bin 15 Jahre alt und ich komme aus der Ukraine. Ich spiele gern Lieder.“

Omar und Sami aus Syrien stellen sich dann vor: „Hallo, wir sind Omar und Sami, beide 14 Jahre alt und kommen aus Syrien. Wir wollen Ärzte werden.“

Ali aus dem Irak stellt sich vor: „Hallo, ich bin Ali, ich bin 16 Jahre alt und komme aus dem Irak. Ich habe eine große Familie und wir sind oft zusammen draußen.“

Fahim aus Afghanistan sagt auch, wer er ist: „Hallo, ich bin Fahim, ich bin 15 Jahre alt und komme aus Afghanistan. Ich spiele gern Fußball.“

Emre aus der Türkei stellt sich vor: „Hallo, ich bin Emre, ich bin 14 Jahre alt und komme aus der Türkei. Ich sehe gern Filme.“

Frau Ammer spricht über die Schule. Sie erklärt, was wichtig ist. In der Pause sprechen die Jugendlichen über ihre Hobbys, ihre Länder und ihr Leben in Deutschland. Sie finden die Schule sehr gut und sind glücklich. Am Ende des Tages sagt Frau Ammer den Jugendlichen Tschüss. Sie freuen sich auf den nächsten Tag.

DER ERSTE SCHULTAG

Es ist der erste Schultag an der Schiller-Schule in Lengerskirchen. Viele Kinder und Jugendliche sind aufgeregt und freuen sich. Sie sehen ihre Freundinnen, Freunde, Lehrerinnen und Lehrer wieder.

Einige Schülerinnen und Schüler kommen aus anderen Ländern, wie der Ukraine, Syrien, dem Irak, Afghanistan und der Türkei. Sie kennen noch nicht viele Menschen hier, möchten aber neue Freundinnen und Freunde finden.

Die Lehrerin der Klasse, Frau Ammer, begrüßt alle herzlich. Sie lacht und fragt: „Woher kommt ihr? Wie alt seid ihr?“

Jana aus der Ukraine meldet sich als Erste: „Hallo, ich heiße Jana, bin 15 Jahre alt und komme aus der Ukraine. Lieder spielen macht mir Spaß.“

Omar und Sami aus Syrien stellen sich vor: „Hallo, wir sind Omar und Sami, beide 14 Jahre alt, aus Syrien. Wir träumen davon, Ärzte zu werden.“

Ali aus dem Irak stellt sich auch auf Deutsch vor: „Hallo, ich heiße Ali, bin 16 Jahre alt und komme aus dem Irak. Meine große Familie und ich verbringen oft Zeit zusammen.“

Fahim aus Afghanistan sagt: „Hallo, ich bin Fahim, 15 Jahre alt, aus Afghanistan. Fußballspielen ist mein Hobby.“

Emre aus der Türkei stellt sich auch vor: „Hallo, ich bin Emre, 14 Jahre alt, aus der Türkei. Filme schauen gefällt mir sehr.“

Frau Ammer spricht über die Schule und erklärt, was wichtig ist. In der Pause reden die Jugendlichen über ihre Hobbys, ihre Heimatländer und ihr Leben in Deutschland. Sie freuen sich, zur Schule gehen und Deutsch lernen zu können. Am Ende des Schultages wünscht Frau Ammer allen einen guten Heimweg. Die Jugendlichen freuen sich darauf, sich am nächsten Tag wiederzusehen.

DER ERSTE SCHULTAG

© LightField Studios – Shutterstock.com

Der erste Schultag in Lengerskirchen ist ein besonderes Ereignis, besonders für die Schülerinnen und Schüler der Schiller-Schule. Die Aufregung ist spürbar, denn viele freuen sich darauf, ihre Freundinnen, Freunde, Lehrerinnen und Lehrer nach den Ferien wiederzusehen.

Unter den Schülerinnen und Schülern sind auch Kinder aus verschiedenen Ländern, wie der Ukraine, Syrien, dem Irak, Afghanistan und der Türkei, die neu in der Stadt sind. Sie sind noch dabei, sich einzuleben und Kontakte zu knüpfen, in der Hoffnung, bald neue Freundschaften zu schließen.

Die Klassenlehrerin, Frau Ammer, empfängt die Schülerinnen und Schüler mit einem herzlichen Lächeln. Sie interessiert sich für ihre Hintergründe und fragt sie nach ihrer Herkunft und ihrem Alter.

Jana aus der Ukraine stellt sich zuerst vor: „Hallo, ich heiße Jana, bin 15 Jahre alt und komme aus der Ukraine. Lieder zu spielen, ist meine große Leidenschaft."

Dann stellen sich Omar und Sami aus Syrien vor: „Guten Tag, wir sind Omar und Sami, beide 14 Jahre alt, und wir kommen aus Syrien. Unser großer Traum ist es, Ärzte zu werden."

Ali, ein Schüler aus dem Irak, präsentiert sich auch auf Deutsch: „Hallo, mein Name ist Ali, ich bin 16 Jahre alt und stamme aus dem Irak. Meine Familie ist sehr groß und wir verbringen gerne Zeit miteinander im Freien."

Fahim aus Afghanistan führt fort: „Hallo, ich bin Fahim, 15 Jahre alt und aus Afghanistan. Fußballspielen ist meine Lieblingsbeschäftigung."

Emre, ein Junge aus der Türkei, sagt: „Hallo, ich bin Emre, 14 Jahre alt und komme aus der Türkei. Am liebsten schaue ich Filme."

Frau Ammer nimmt sich Zeit, um die Schülerinnern und Schüler über die wichtigsten Dinge des Schulalltags zu informieren. Während der Pausen tauschen sich die Jugendlichen über ihre Hobbys, ihre Herkunftsländer und ihre Erfahrungen in Deutschland aus. Sie freuen sich, in Deutschland zur Schule gehen zu können. Am Ende des Schultages verabschiedet sich Frau Ammer von den Jugendlichen und wünscht ihnen einen guten Heimweg. Sie freuen sich auf den nächsten Schultag.

1

AUFGABEN ZU:

DER ERSTE SCHULTAG

Aufgabe 1: Was steht im Text? Kreuze an.

	Ja	Nein
Es ist der erste Schultag in Lengerskirchen.		
Alle Kinder gehen zur Goethe-Schule.		
Einige Kinder sind neu in Deutschland.		
Jana spielt keine Lieder.		
Omar und Sami aus Syrien wollen Polizisten werden.		
Fahim aus Afghanistan spielt nicht gerne Fußball.		
Emre aus der Türkei ist 16 Jahre alt.		
Die Kinder sprechen in der Pause über ihre Hobbys.		
Die Kinder freuen sich auf den nächsten Schultag.		

Aufgabe 2: Vorstellungsrunde

Stellt euch in der Klasse vor wie die Schülerinnen und Schüler im Text.
Sagt euren Namen, euer Alter und woher ihr kommt.
Erzählt auch, was ihr gerne macht.

Aufgabe 3: Wer ist wer?

Schreibe die Namen der Jugendlichen aus dem Text auf.
Schreibe dazu, was jede Person gerne macht. Zum Beispiel: Jana spielt gern Lieder.

Aufgabe 4: Mein erster Schultag

Schreibe oder erzähle, wie dein erster Schultag war.
Was war neu? Wen hast du getroffen? Was hast du gemacht?

Aufgabe 5: Klassenposter

Macht ein Poster für eure Klasse. Alle malen ein Bild von sich und schreiben ihren Namen, ihr Alter und ihr Herkunftsland darunter.
Hängt das Poster in der Klasse auf.

Aufgabe 6: Mein Lieblingshobby

Zeichne oder schreibe über dein Lieblingshobby.
Erzähle der Klasse davon: Was machst du am liebsten in deiner Freizeit?

AUFGABEN ZU:
DER ERSTE SCHULTAG

Aufgabe 7: Wortsuche

Finde diese Wörter:
→ LÄNDER, → HOBBY, → LIEDER, ↓ ZUSAMMEN, → PAUSE
Kreise sie ein.

O	J	Z	Z	R	M	E	T	L	Y
Z	W	U	H	C	B	T	H	R	U
E	Y	S	Y	T	Q	Q	A	C	U
S	P	A	U	S	E	J	S	P	J
Z	D	M	L	I	M	H	G	W	L
J	K	M	W	U	B	X	R	I	W
B	I	E	H	H	E	R	U	M	H
L	Ä	N	D	E	R	J	H	Q	Z
V	T	Z	Y	B	H	O	B	B	Y
R	L	I	E	D	E	R	F	Q	Z

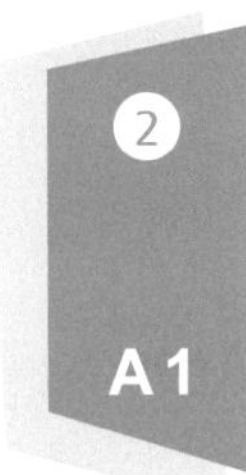

RAD FAHREN

Die Jugendlichen aus der Vorbereitungsklasse sind seit zwei Monaten an der Schiller-Schule. Sie kennen sich jetzt schon gut. Sie wollen am Wochenende zusammen Rad fahren.

Ali hat ein Problem: Er kann nicht Rad fahren. Aber Jana hilft ihm. Der Vater von Jana gibt Ali ein altes Fahrrad zum Üben.

Ali sagt: „Danke, Jana. Du bist eine sehr gute Freundin."

Jana antwortet: „Das ist kein Problem, Ali. Ich habe das schon meinen kleinen Brüdern erklärt."

Sie üben oft zusammen. Jana hilft Ali. Ali ist nicht so gut, aber Jana ermutigt ihn. Ali spricht über sein Leben im Irak. Er sagt: „In Deutschland kann ich mehr machen." Jana sagt: „Ich spiele gerne Lieder."

Bei der Fahrradtour ist Ali ein bisschen langsam, aber mit Janas Hilfe fährt er schon gut. Sie sprechen viel und lernen sich besser kennen. Am Ende sagt Ali: „Danke, Jana. Ich hatte einen sehr guten Tag."

Jana lacht und sagt: „Es war schön, Ali. Wir wiederholen das bald."

Ali und Jana sind jetzt gute Freunde. Ali mag Deutschland nun noch mehr.

RAD FAHREN

Die Schülerinnen und Schüler aus der Vorbereitungsklasse sind seit zwei Monaten an der Schiller-Schule. Sie sind jetzt gute Freunde. Sie möchten am Wochenende zusammen Rad fahren. Aber Ali kann nicht Rad fahren. Jana hilft ihm. Janas Vater gibt Ali ein altes Fahrrad zum Üben.

Ali sagt: „Danke, Jana. Du bist sehr freundlich."

Jana antwortet: „Das ist kein Problem, Ali. Ich habe schon meinen kleinen Brüdern Radfahren gezeigt."

Sie üben oft zusammen. Jana zeigt Ali, wie man Rad fährt. Ali ist nicht so gut, aber Jana unterstützt ihn. Ali erzählt von seinem Leben im Irak. Er sagt, dass er in Deutschland mehr machen kann. Jana spricht über ihre Liebe zur Musik.

Bei der Radtour ist Ali zuerst ein bisschen unsicher. Aber mit Janas Unterstützung fährt er gut. Sie reden viel und lernen sich besser kennen. Am Ende sagt Ali: „Danke, Jana. Ich hatte heute viel Spaß."

Jana lächelt und sagt: „Es war schön, Ali. Wir machen das bald wieder."

Ali und Jana sind jetzt enge Freunde. Ali fühlt sich jetzt wohler in Deutschland.

RAD FAHREN

Die Schülerinnen und Schüler der Vorbereitungsklasse an der Schiller-Schule in Lengerskirchen haben sich in den letzten zwei Monaten gut eingelebt. Sie sind zu einer engen Gemeinschaft zusammengewachsen und haben beschlossen, ihre Freizeit gemeinsam zu gestalten. Für das kommende Wochenende planen sie eine Radtour, was für alle eine spannende Abwechslung darstellt.

Allerdings gibt es da ein kleines Problem: Ali, einer der Schüler, hat nie Rad fahren gelernt. Glücklicherweise bietet Jana, eine Mitschülerin, ihre Hilfe an. Janas Vater stellt freundlicherweise ein altes Fahrrad zur Verfügung, sodass Ali das Fahren üben kann.

„Vielen Dank für deine Hilfe, Jana. Das ist wirklich sehr freundlich von dir", sagt Ali dankbar. „Keine Ursache, Ali", antwortet Jana. „Ich habe schon ein paar Mal anderen das Radfahren beigebracht. Du wirst sehen, es ist gar nicht so schwer."

In den folgenden Tagen treffen sich Ali und Jana regelmäßig nach der Schule, um das Radfahren zu üben. Jana ist eine geduldige Lehrerin und erklärt Ali Schritt für Schritt, wie er das Gleichgewicht halten und sicher fahren kann. Anfangs ist Ali etwas unsicher und stolpert ein paar Mal, aber Jana ermutigt ihn stets und unterstützt ihn mit praktischen Tipps. Während der Übungsstunden erzählt Ali von seinem früheren Leben im Irak und wie er nun in Deutschland neue Möglichkeiten entdeckt. Jana erzählt ihm von ihrer Leidenschaft für Musik und dass sie Musik als universelle Sprache empfindet.

Am Tag der Radtour ist Ali zwar anfangs noch etwas nervös, aber dank Janas Unterstützung und der Übung der letzten Tage fährt er schon viel sicherer. Auf der Tour unterhalten sie sich lebhaft und lernen einander noch besser kennen. Am Ende des Tages sagt Ali erleichtert: „Jana, ich danke dir sehr für deine Geduld und Unterstützung. Heute war ein wirklich toller Tag."
Jana lächelt zufrieden und antwortet: „Es war mir eine Freude, dir zu helfen, Ali. Wir sollten so etwas öfter zusammen machen."

Durch diese gemeinsamen Erlebnisse haben Ali und Jana eine tiefe Freundschaft entwickelt. Ali fühlt sich in seiner neuen Heimat Deutschland nun viel wohler und ist dankbar für die Freundschaften, die er geschlossen hat.

AUFGABEN ZU:

RAD FAHREN

Aufgabe 1: Was steht im Text? Kreuze an.

	Ja	Nein
Alis Vater gibt ihm ein Rad.		
Jana hat schon anderen das Fahrradfahren erklärt.		
Ali und Jana fanden den Tag nicht schön.		
Ali gefällt es in Deutschland.		
Ali und Jana sind jetzt Freunde.		

Aufgabe 2: Dialoge nachspielen

Spielt die Dialoge zwischen Ali und Jana nach.
Ein Schüler ist Ali und eine Schülerin ist Jana.
Übt Sätze wie: „Danke, Jana. Du bist sehr nett.“ und „Das ist kein Problem, Ali.“

Aufgabe 3: Etwas Neues lernen

Kannst du Rad fahren oder schwimmen oder Skateboard fahren?
Schreibe oder erzähle, wie du es gelernt hast.
Wer hat dir geholfen? War es schwer?

Aufgabe 4: Ein Bild malen

Male ein Bild von Ali und Jana, wie sie Rad fahren.
Zeige, wie Jana Ali hilft.

Aufgabe 5: Ein Dankesbrief von Ali an Jana

Was du machst:
Schreibe einen kurzen Brief. Ali bedankt sich bei Jana.

So geht's:
1. **Danke sagen:** Ali sagt Danke für das Radfahren.
2. **Freundin:** Er schreibt, dass Jana eine gute Freundin ist.
3. **Gefühl:** Ali sagt, wie glücklich er ist.
4. **Vorlesen:** Lies deinen Brief in der Klasse vor.

Beispiel für den Anfang:

„Liebe Jana,
danke für deine Hilfe beim Radfahren ...“

Denk dran:
Schreibe einfache Sätze. Zeige, wie Ali sich fühlt.

Diese Aufgabe hilft dir, über Dankbarkeit und Freundschaft zu sprechen.
Du übst, wie man einen einfachen Brief schreibt.

Gefühle
- → glücklich
- → froh
- → dankbar
- → stolz
- → aufgeregt

AUFGABEN ZU:

RAD FAHREN

Aufgabe 6: Wortsuche

Finde diese Wörter:
↓ UNSICHER, → WOCHENENDE, → LEBEN, ↓ FAHRRADTOUR, ↓ ÜBEN, ↓ HILFE.
Kreise sie ein.

U	W	R	K	O	L	M	O	D	G	U	R	S	A	N
Ü	U	D	E	E	B	Y	M	W	D	W	U	W	E	V
B	N	D	W	J	J	M	W	L	J	P	N	V	R	U
E	Z	F	K	W	I	Y	T	Y	X	C	L	O	E	B
N	U	A	E	Q	C	L	E	B	E	N	L	E	L	S
K	J	H	I	E	F	A	N	K	H	F	H	G	E	Y
U	Y	R	Z	W	O	C	H	E	N	E	N	D	E	U
T	E	R	E	Z	S	Y	J	G	G	J	R	W	E	N
F	W	A	G	A	A	L	A	A	O	S	N	P	Z	S
Z	D	D	N	L	H	P	F	B	I	X	H	D	M	I
B	J	T	N	R	I	R	H	T	A	L	V	B	F	C
Q	F	O	I	K	L	Q	S	Y	V	X	W	I	Y	H
Y	U	U	S	N	F	S	V	D	M	N	C	I	I	E
G	V	R	H	N	E	N	I	Q	S	P	E	Y	M	R
R	G	X	P	A	N	N	V	Y	S	T	O	G	L	L

SAMi UND OMAR

Sami und Omar sind im Park. Sie sprechen über Deutschland. Sie sind hier ohne ihre Eltern. Jetzt wohnen sie bei Tante Nadia. Sie ist sehr herzlich.

Omar: „Ich vermisse Mama und Papa. Können wir ihnen schreiben?"

Sami: „Ja, das ist gut. Sie wissen, wir sind bei Tante Nadia."

Omar: „Sie sollen wissen, wir lernen Deutsch."

Sami: „Ja, das ist wichtig. Aber es ist schwer. Ich verstehe nicht alles in der Schule."

Omar: „Ich auch nicht. Aber wir lernen viel."

Sami: „Wir sprechen auch mit Deutschen. So lernen wir besser Deutsch."

Omar: „Ja. Aber ich bin oft traurig."

Sami: „Ich verstehe. Aber wir sind zusammen. Das ist gut."

Omar: „Ja, das ist richtig. Wir sind stark zusammen."

Sami: „Genau. Wir machen weiter. Wir haben schon viel gemacht!"

SAMI UND OMAR

© Asia Images Group – Shutterstock.com

Sami und Omar sind im Park und reden über ihr Leben in Deutschland. Sie sind ohne ihre Eltern hier und leben bei ihrer Tante Nadia. Sie kannten sie nicht, aber sie ist sehr freundlich.

Omar: „Ich vermisse Mama und Papa. Können wir ihnen einen Brief schreiben, dass es uns gut geht?“

Sami: „Ja, das machen wir. Sie wissen ja, dass wir bei Tante Nadia sind.“

Omar: „Ich hoffe, sie sind froh, dass wir Deutsch lernen.“

Sami: „Deutsch lernen ist wichtig, aber manchmal schwierig. Ich verstehe nicht alles in der Schule.“

Omar: „Mir geht es auch so. Aber wir müssen weiterlernen.“

Sami: „Wir sollten auch mit Deutschen reden, damit wir besser Deutsch lernen.“

Omar: „Ja, das ist eine gute Idee. Aber ich bin hier oft traurig.“

Sami: „Ich verstehe das. Aber wir haben uns. Wir müssen zusammenbleiben.“

Omar: „Ja, du hast Recht. Zusammen sind wir stärker.“

Sami: „Richtig. Wir dürfen nicht aufgeben. Wir haben schon viel geschafft!"

SAMI UND OMAR

© Asia Images Group – Shutterstock.com

Sami und Omar sind im Park und unterhalten sich über ihr Leben in Deutschland. Sie sind hier ohne ihre Eltern und leben jetzt bei ihrer Tante Nadia. Sie kannten sie vorher nicht, aber sie ist sehr freundlich zu ihnen.

Omar: „Ich vermisse Mama und Papa. Sollen wir ihnen schreiben, dass es uns gut geht?“

Sami: „Ja, das ist eine gute Idee. Aber sie wissen ja, dass wir bei Tante Nadia sind.“

Omar: „Ich hoffe, sie sind froh, dass wir Deutsch lernen.“

Sami: „Deutsch lernen ist wichtig. Es ist aber nicht einfach. Ich verstehe nicht immer alles in der Schule.“

Omar: „Mir geht es ähnlich. Aber wir müssen weiter viel lernen.“

Sami: „Es wäre auch gut, wenn wir mehr mit Deutschen sprechen würden, um unser Deutsch zu verbessern.“

Omar: „Ja, das stimmt. Aber oft fühle ich mich hier etwas traurig.“

Sami: „Ich verstehe, was du meinst. Aber wir haben einander. Wir müssen zusammen stark sein.“

Omar: „Ja, das ist wahr. Gemeinsam sind wir stärker und wir werden es schaffen.“

Sami: „Richtig. Wir sollten nicht aufgeben. Wir haben bereits viel erreicht!“

AUFGABEN ZU:
SAMI UND OMAR

Aufgabe 1: Was steht im Text? Kreuze an.

	Ja	Nein
Sami und Omar sind mit ihren Eltern in Deutschland.		
Sie wollen ihren Eltern schreiben.		
Sie wohnen jetzt bei ihrem Onkel.		
Die Brüder lernen viel Deutsch.		
Sie wollen keine Deutschen als Freunde.		
Omar ist oft traurig.		
Zusammen sind die Jungen stark.		

Aufgabe 2: Gespräch nachspielen

Spielt das Gespräch zwischen Sami und Omar nach.
Eine Person ist Sami und eine andere ist Omar.

Aufgabe 3: Brief an die Eltern

Sami und Omar schreiben einen Brief an ihre Eltern.
Erzähle darin, wie es ihnen in Deutschland geht und was sie lernen.

Beispiel für den Anfang:

> *Liebe Mama, lieber Papa,*
> *es geht uns gut in Deutschland. Wie geht es euch? ...*

Diese Wörter helfen dir, über die Gefühle zu schreiben:
glücklich, traurig, einsam, mutig, stark, gemeinsam (= zusammen)

Aufgabe 4: Deutsch lernen

Erzähle oder schreibe, wie du Deutsch lernst.
Was ist leicht? Was ist schwer? Wer hilft dir?

Aufgabe 5: Gefühle ausdrücken

Wie fühlen sich Sami und Omar? Male ein Bild.

Aufgabe 6: Freundschaft

Redet in der Klasse über Freundschaft. Warum sind Freundinnen und Freunde gut, wenn man neu in einem Land ist?

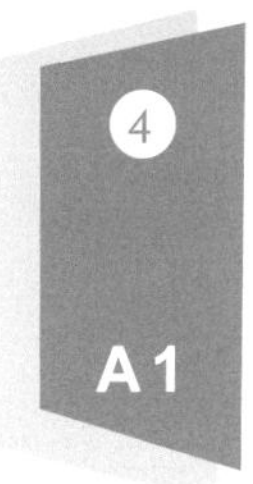

FAHIMS ERSTES FUSSBALLTRAINING

Fahim ist aufgeregt, als er morgens aufsteht. Heute geht er zum ersten Mal zum Fußballtraining des SC Lengerskirchen.

Er kommt aus Afghanistan und ist erst seit einigen Monaten in Deutschland. Er möchte beim Fußballspielen neue Freunde finden.

Fahim macht sich fertig für den Tag und zieht ein schwarzes T-Shirt an.

Seine Schwester Zahab sitzt schon am Tisch und trinkt Tee. Fahim spricht mit ihr über das Training. Fahim fragt: „Werden die anderen Spieler heute nett zu mir sein?“

Zahab sagt: „Du spielst gut Fußball. Das ist wichtig." Fahim geht zum Training.

Auf dem Sportplatz begrüßt der Trainer Fahim herzlich. Er stellt Fahim den anderen Spielern vor. Dann beginnt das Training. Fahim ist erst nervös, aber dann geht es besser. Er spielt gut und die anderen Spieler und der Trainer finden das gut.

Das Training gefällt Fahim. Ihm gefällt der Sport in der Gruppe. Er denkt, die anderen mögen ihn.

Zu Hause erzählt Fahim Zahab von seinem Training. Er freut sich. Er möchte wieder Fußball spielen.

Abends geht Fahim ins Bett. Er ist müde, aber zufrieden. Er ist jetzt in einem Verein und will es allen in der Schule sagen.

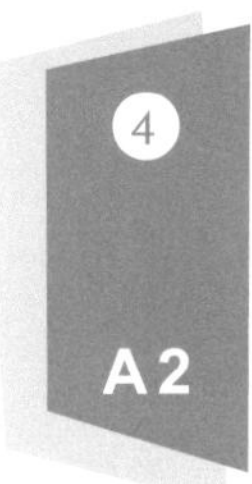

FAHIMS ERSTES FUSSBALLTRAINING

© Pixel-Shot – Shutterstock.com

Fahim ist heute Morgen sehr aufgeregt. Es ist sein erster Tag beim Fußballtraining des SC Lengerskirchen.

Aus Afghanistan kommend, lebt er erst seit wenigen Monaten in Deutschland. Sein Ziel ist es, beim Fußballspielen Freundschaften zu schließen.

Nachdem Fahim seine Zähne geputzt hat, sucht er sich Kleidung aus. Er entscheidet sich für ein schwarzes T-Shirt.

Seine Schwester Zahab sitzt schon am Frühstückstisch und trinkt ihren Tee. Fahim unterhält sich mit ihr über das Training. Er ist unsicher, ob die anderen Spieler freundlich zu ihm sein werden.

Zahab ermutigt ihn: „Du bist ein guter Fußballspieler, das ist wichtig." Dann geht Fahim zum Training.

Auf dem Sportplatz sagt der Trainer: „Fahim, herzlich willkommen." Er stellt Fahim den anderen Spielern vor. Das Training beginnt. Fahim ist am Anfang nervös, aber er kommt schnell ins Spiel.

Er zeigt seine Fähigkeiten und bekommt Lob von den Mitspielern und dem Trainer.

Fahim mag das Training sehr. Er fühlt sich wohl in der Gruppe und fühlt sich gemocht.

Zu Hause berichtet Fahim seiner Schwester glücklich vom Training. Er freut sich schon auf das nächste Mal.

Als Fahim abends zu Bett geht, ist er zwar müde, aber sehr zufrieden. Er ist jetzt Teil der Fußballmannschaft und freut sich darauf, in der Schule davon zu erzählen.

FAHIMS ERSTES FUSSBALLTRAINING

Fahim ist heute Morgen sehr aufgeregt, denn er wird zum ersten Mal am Fußballtraining des SC Lengerskirchen teilnehmen.

Seit seiner Ankunft aus Afghanistan vor einigen Monaten sucht er nach Möglichkeiten, in Deutschland Freundschaften zu schließen. Fußball erscheint ihm als eine ausgezeichnete Gelegenheit dazu.

Nachdem er sich die Zähne geputzt hat, überlegt er gründlich, was er zum Training anziehen soll. Schließlich entscheidet er sich für ein schlichtes, schwarzes T-Shirt.

Seine Schwester Zahab sitzt bereits am Frühstückstisch und trinkt Tee. Fahim erzählt ihr von seiner Aufregung und seinen Erwartungen. Er ist neugierig, wie er von den anderen Teammitgliedern aufgenommen wird.

Zahab, die von Fahims Fußballtalent überzeugt ist, ermutigt ihn: „Du spielst ausgezeichnet Fußball. Zeig ihnen einfach, was du kannst." Mit dieser Unterstützung im Rücken macht sich Fahim auf den Weg zum Sportplatz.

Dort wird er vom Trainer und den anderen Spielern herzlich begrüßt. Anfangs fühlt sich Fahim etwas nervös, doch als das Training beginnt, gewinnt er schnell an Selbstvertrauen. Er spielt engagiert und zeigt sein Können, was bei den Mitspielern und dem Trainer einen positiven Eindruck hinterlässt.

Das Training macht Fahim große Freude, und er fühlt sich schnell als Teil des Teams. Er hat das Gefühl, von den anderen akzeptiert zu werden.

Nach Hause zurückgekehrt, erzählt er Zahab voller Begeisterung von seinen Erlebnissen beim Training. Die Vorfreude auf das nächste Training ist unübersehbar.

Abends legt sich Fahim erschöpft, aber zufrieden ins Bett. Er ist glücklich, nun Teil des Fußballteams zu sein, und plant, am nächsten Tag in der Schule von seinen neuen Erfahrungen zu berichten.

4

AUFGABEN ZU:

FAHIMS ERSTES FUSSBALLTRAINING

Aufgabe 1: Was passiert in der Geschichte?

Ordne die Sätze in die richtige Reihenfolge.
Schreibe die Zahlen 1 bis 6 in die Kästchen.

- ☐ Der Trainer begrüßt Fahim.
- ☐ Seine Schwester Zahab sitzt schon am Tisch und trinkt Tee.
- ☐ Fahim ist aufgeregt, als er morgens aufsteht.
- ☐ Das Training macht ihm Spaß.
- ☐ Fahim liegt glücklich im Bett.
- ☐ Er nimmt das schwarze T-Shirt.

Aufgabe 2: Fahims Tag nachspielen

Spielt eine Situation von Fahims Tag nach (zum Beispiel beim Frühstück oder nach dem Training). Ein Schüler ist Fahim, eine Schülerin seine Schwester Zahab.
Übt die Gespräche, die Fahim mit seiner Schwester führt. Erzählt dabei, wie er sich beim Fußballtraining fühlt.

Aufgabe 3: Sportkleidung wählen

Zeichne oder beschreibe, was du zum Sport anziehst.
Warum wählst du diese Kleidung?

Aufgabe 4: Über Sport sprechen

Erzählt in der Klasse, welchen Sport ihr gerne macht.
Warum macht ihr diesen Sport gerne?
Habt ihr auch mal etwas Neues probiert?

Aufgabe 5: Neues ausprobieren

Schreibe oder erzähle von einem ersten Mal, als du etwas Neues ausprobiert hast.
Wie hast du dich gefühlt?
Warst du aufgeregt?

© Pixel-Shot – Shutterstock.com

EiN AUSFLUG iNS MUSEUM

Die Vorbereitungsklasse der Schiller-Schule in Lengerskirchen besucht ein Museum. Viele Schülerinnen und Schüler waren noch nie in einem Museum und sind aufgeregt.

Als sie ankommen, sagt eine Frau Hallo.

„Ich heiße Marie. Ich zeige euch das Museum. Wir sehen zuerst Bilder von neuen Künstlerinnen und Künstlern."

Die Schülerinnen und Schüler schauen sich alles an. Einige finden die Bilder schön, andere verstehen sie nicht.

Die Gruppe steht vor einem großen Bild. Marie fragt Sami aus Syrien: „Was denkst du?"

Sami sagt: „Es ist interessant. Es erinnert mich an Damaskus."

Marie fragt Sofia aus Bulgarien: „Und du?"

Sofia sagt: „Ich verstehe es nicht ganz, aber die Farben sind schön."

Marie sagt: „Künstlerinnen und Künstler benutzen oft etwas von zu Hause, zum Beispiel Flaschen und Tüten."

Die Klasse sieht ein Kunstwerk aus Flaschen. Jonas aus Norwegen sagt: „Das sieht aus wie ein Regenbogen!"

Fatima aus Afghanistan sagt: „Es ist interessant, dass man aus so etwas Kunst machen kann."

Am Ende machen die Schülerinnen und Schüler selbstständig Bilder. Sie malen und machen Skulpturen und Fotos.

Als sie zur Schule zurückgehen, sind alle glücklich. Sami sagt: „Die Kunstwerke waren interessant."

Sofia sagt: „Es war lustig, kreativ zu sein."

Es war ein sehr guter Ausflug.

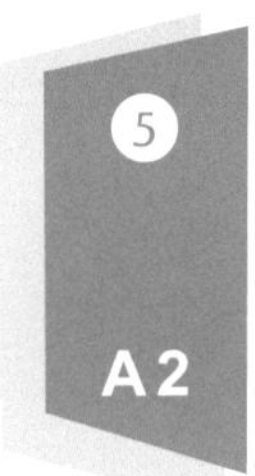

EIN AUSFLUG INS MUSEUM

Die Vorbereitungsklasse der Schiller-Schule in Lengerskirchen macht einen Ausflug ins Museum. Für viele Schülerinnen und Schüler ist es der erste Museumsbesuch und sie sind gespannt.

Als sie ankommen, begrüßt sie eine Frau.

„Hallo, ich bin Marie. Ich zeige euch das Museum. Wir schauen uns zuerst die Bilder von neuen Künstlerinnen und Künstlern an."

Die Schülerinnen und Schüler betrachten die Kunstwerke. Einigen gefallen die Bilder, andere sind unsicher, was sie bedeuten.

Die Gruppe steht vor einem großen Bild. Marie fragt Sami aus Syrien: „Wie findest du es?"

Sami antwortet: „Sehr interessant. Es erinnert mich an meine Heimatstadt Damaskus."

Dann fragt Marie Sofia aus Bulgarien: „Und was denkst du?"

Sofia sagt: „Ich verstehe nicht alles, aber die Farben finde ich schön."

Marie erklärt, dass die Künstlerinnen und Künstler oft ungewöhnliche Dinge aus dem Haushalt benutzen.

Die Jungen und Mädchen der Klasse sehen ein Kunstwerk aus bunten Flaschen. Jonas aus Norwegen sagt: „Es sieht aus wie ein bunter Regenbogen!"

Fatima aus Afghanistan sagt: „Es ist faszinierend, dass man aus alltäglichen Gegenständen Kunst machen kann."

Zum Schluss gestalten die Schülerinnen und Schüler im Workshop selbst Kunstwerke. Sie malen und machen Skulpturen und Fotos.

Auf dem Weg zur Schule sind alle zufrieden. Ali sagt: „Die Kunst war sehr interessant." Sofia sagt: „Es hat Spaß gemacht, selbst kreativ zu sein."

Alle freuen sich, dass sie etwas Neues gelernt haben und Spaß hatten.

Ein Ausflug ins Museum

Die Vorbereitungsklasse der Schiller-Schule in Lengerskirchen unternimmt einen aufregenden Ausflug in ein Museum. Für die Mehrheit der Schülerinnen und Schüler ist dies der erste Museumsbesuch, was bei ihnen eine große Neugierde weckt. Bei ihrer Ankunft empfängt sie eine freundliche Frau. Sie stellt sich vor: „Guten Tag, mein Name ist Marie. Ich werde heute mit euch die Führung durch das Museum machen. Beginnen werden wir mit den Werken zeitgenössischer Künstlerinnen und Künstler."

Während sie die verschiedenen Kunstwerke anschauen, finden einige Schüler die Bilder sehr interessant, während andere noch über ihren Sinn rätseln.

Marie sagt zu Sami aus Syrien: „Was hältst du von den Kunstwerken?" Sami antwortet: „Sie sind sehr faszinierend und erinnern mich an Damaskus, meine Heimatstadt."

Danach fragt Marie Sofia aus Bulgarien: „Und deine Meinung?" Sofia antwortet: „Ich verstehe nicht jedes Detail, aber die lebhaften Farben finde ich super."

Marie erläutert, dass die Künstlerinnen und Künstler oft außergewöhnliche Materialien, wie Metall oder Kunststoff, in ihren Werken einsetzen.

Die Schülergruppe entdeckt ein Kunstwerk, das aus bunten Plastikflaschen und -tüten besteht. Jonas aus Norwegen bemerkt: „Es wirkt wie ein farbenfroher Regenbogen!" Fatima aus Afghanistan sagt: „Es ist interessant, wie aus alltäglichen Gegenständen Kunst entstehen kann."

Am Ende beteiligen sich die Schülerinnen und Schüler an einem Workshop, in dem sie selbst kreativ werden. Einige konzentrieren sich auf das Malen, während andere mit Skulpturen und Fotografien experimentieren. Auf dem Weg zur Schule sagt Ali: „Die Kunstwerke waren wirklich inspirierend." Sofia ergänzt: „Es hat viel Freude gemacht, selbst kreativ zu sein."

Alle freuen sich, dass sie etwas Neues gelernt haben und Spaß hatten.

AUFGABEN ZU:

EIN AUSFLUG INS MUSEUM

Aufgabe 1: Welche Antwort ist richtig? Kreuze an.

Frage 1: Wer zeigt den Schülerinnen und Schülern das Museum?

- ☐ A) Der Direktor
- ☐ B) Marie
- ☐ C) Ein Lehrer

Frage 2: Was sehen die Schülerinnen und Schüler im Museum zuerst?

- ☐ A) Skulpturen
- ☐ B) Fotos
- ☐ C) Bilder von neuen Künstlerinnen und Künstlern

Frage 3: Wie fühlt sich Sami, als er die Kunst sieht?

- ☐ A) Er ist traurig.
- ☐ B) Sie erinnert ihn an Damaskus.
- ☐ C) Er versteht sie nicht.

Frage 4: Was sagt Sofia über die Kunst?

- ☐ A) Sie versteht alles.
- ☐ B) Sie findet die Farben schön.
- ☐ C) Sie findet sie langweilig.

Frage 5: Woraus besteht die Kunst, die wie ein Regenbogen aussieht?

- ☐ A) Aus Stein
- ☐ B) Aus Holz
- ☐ C) Aus bunten Flaschen und Tüten

Frage 6: Was machen die Schülerinnen und Schüler am Ende des Ausflugs?

- ☐ A) Sie gehen nach Hause.
- ☐ B) Sie machen eigene Kunstwerke.
- ☐ C) Sie lesen Bücher.

AUFGABEN ZU: EIN AUSFLUG INS MUSEUM

Aufgabe 2: Unser Klassen-Museum

> Diese Aufgabe hilft euch, über Kunst zu sprechen und eure eigenen Bilder zu präsentieren. Sie ist einfach und alle können mitmachen.

Teil 1: Ein Bild malen

1. **Bild malen:** Alle malen ein eigenes Bild, wie man es in einem Museum sieht.
2. **Bilder aufhängen:** Hängt die Bilder in eurer Klasse auf, um eure eigene Kunstgalerie zu machen.

Teil 2: Kleines Gespräch

1. **In Paaren sprechen:** Steht zu zweit vor einem Bild.
2. **Fragen und Antworten:** Eine Person fragt: „Gefällt dir dieses Bild?" Die andere antwortet darauf.

Teil 3: Galeriebesuch

1. **Galerie anschauen:** Geht gemeinsam in der Klasse herum und schaut euch alle Bilder an.
2. **Vor jedem Bild:** Zwei Schülerinnen oder Schüler stehen vor einem Bild und machen ihr kleines Gespräch.
3. **Sprechen:** Zum Schluss sprecht ihr gemeinsam darüber. Welches Bild gefällt euch am besten? Warum?

⇨ Hier findet ihr gute Sätze für das Gespräch:

GUTE SÄTZE FÜR DAS GESPRÄCH IM MUSEUM

Fragen stellen:
„Magst du das Bild?"
„Was siehst du hier?"
„Ist das Bild schön?"
„Kennst du das?"
„Hast du so etwas schon gesehen?"

Meinung sagen:
„Ich mag das Bild."
„Das Bild ist schön/bunt/komisch."
„Das Bild ist nicht so schön."
„Ich verstehe das Bild nicht."
„Das ist mein Lieblingsbild."

Über Kunst reden:
„Das Bild hat viele Farben."
„Das sieht aus wie ..."
„Das ist Kunst."
„Das Bild ist groß/klein."
„Kunst ist interessant."

Gefühle beschreiben:
„Das Bild macht mich fröhlich/traurig."
„Ich fühle mich gut, wenn ich das sehe."
„Das Bild ist seltsam/cool."
„Das erinnert mich an ..."
„Das Bild ist spannend/langweilig."

ROHATS NEUER ANFANG

© goodluz – Shutterstock.com

Rohat ist ein Schüler in Lengerskirchen. Er kommt aus einer kurdischen Familie. Rohat lernt seit zwei Jahren Deutsch in der Schule.

Jetzt hat Rohat Post bekommen. Er hat einen Job gefunden. Bald arbeitet er in einer Autowerkstatt in Lengerskirchen.

Rohat ist sehr froh. Aber er muss viel arbeiten. Die Sommerferien beginnen bald. In acht Wochen! Rohat möchte ein gutes Zeugnis bekommen.

Er will der Werkstatt zeigen, dass er gut arbeiten kann. Also lernt er jetzt noch mehr. Seine Lehrerin, Frau Ammer, hilft ihm. Auch seine Freunde in der Schule helfen ihm.

Rohat macht immer seine Hausaufgaben. Er hört im Unterricht gut zu. Alle freuen sich für Rohat.

Das Schuljahr ist bald zu Ende. Rohat bekommt sein Zeugnis. Es ist sehr gut. Jetzt kann er in der Werkstatt arbeiten. Bald hat er einen guten Beruf.

Rohat spricht mit seinem Vater über die Werkstatt. Sein Vater ist stolz auf ihn. Rohat erzählt auch seinen Freunden von der Werkstatt. Sie sagen: „Toll, Rohat!“

Am Wochenende geht Rohat mit seiner Familie in den Park. Sie sprechen über die Zukunft. Rohat sagt: „Ich möchte später eine Werkstatt haben.“ Seine Mutter ist glücklich. Sie sagt: „Rohat, du bist sehr fleißig.“

Rohat möchte bei seiner neuen Arbeit viel lernen. In der Werkstatt will er ein guter Arbeiter sein. Er will ein guter Mechaniker werden.

ROHATS NEUER ANFANG

Rohat ist ein Schüler an der Schule in Lengerskirchen. Er kommt aus einer kurdischen Familie. Rohat ist schon seit zwei Jahren in Deutschland und lernt fleißig Deutsch in der Schule.

Eines Tages hat Rohat eine wichtige Nachricht bekommen. Er hat einen Job in einer Autowerkstatt in Lengerskirchen gefunden. Bald wird er dort arbeiten.

Rohat freut sich sehr. Aber er weiß, dass er jetzt noch härter arbeiten muss. Die Sommerferien beginnen in acht Wochen. Rohat möchte ein sehr gutes Zeugnis haben, um der Werkstatt zu zeigen, dass er ein guter Mitarbeiter sein kann. Deshalb lernt er jetzt noch mehr. Seine Lehrerin, Frau Ammer, hilft ihm dabei. Auch seine Freunde und Freundinnen helfen ihm.

Jeden Tag macht Rohat seine Hausaufgaben und hört im Unterricht aufmerksam zu. Alle in der Schule freuen sich für ihn. Bald ist das Schuljahr vorbei, und Rohat bekommt sein Zeugnis. Es ist sehr gut. Jetzt kann er seine Arbeit in der Werkstatt beginnen.

Rohat spricht oft mit seinem Vater über die Werkstatt. Sein Vater gibt ihm gute Ratschläge und ist stolz auf ihn. Rohats Freunde freuen sich auch und wünschen ihm viel Glück.

Am Wochenende geht Rohat oft in den Park, um sich auszuruhen. Dort trifft er manchmal seine Freunde und sie reden über ihre Zukunft. Rohat erzählt ihnen, dass er später vielleicht seine eigene Werkstatt haben möchte. Seine Freunde finden diese Idee toll.

Rohat ist fest entschlossen, in der Werkstatt viel zu lernen. Er träumt davon, ein toller Mechaniker zu werden. Rohat freut sich auf die neuen Herausforderungen in seinem Leben.

ROHATS NEUER ANFANG

Rohat stammt aus einer kurdischen Familie und ist ein engagierter Schüler an der Schule in Lengerskirchen. Er lebt bereits seit zwei Jahren in Deutschland und hat seine Deutschkenntnisse durch den Schulbesuch kontinuierlich verbessert.

© goodluz – Shutterstock.com

Kürzlich erhielt Rohat eine aufregende Nachricht: Er hat eine Anstellung in einer Autowerkstatt in Lengerskirchen gefunden. Diese Gelegenheit bedeutet für ihn den Start in das Berufsleben.

Rohat freut sich sehr, ist sich jedoch bewusst, dass nun eine arbeitsintensive Zeit kommt. Die Sommerferien stehen vor der Tür, sie beginnen in nur acht Wochen. Sein Ziel ist es, ein exzellentes Zeugnis zu erhalten, um seinem künftigen Arbeitgeber zu beweisen, dass er ein zuverlässiger und kompetenter Mitarbeiter sein wird. Daher widmet er sich mit großem Eifer seinem Lernstoff. Seine Lehrerin, Frau Ammer, bietet ihm dabei wertvolle Unterstützung, und auch seine Mitschülerinnen und Mitschüler stehen ihm mit Rat und Tat zur Seite.

Rohat zeigt großes Engagement bei seinen Hausaufgaben und folgt dem Unterricht besonders aufmerksam. Die gesamte Schule freut sich mit ihm über seine berufliche Perspektive. Als das Schuljahr schließlich endet, bekommt Rohat ein hervorragendes Zeugnis. Nun kann seine Karriere in der Autowerkstatt beginnen. In Gesprächen mit seinem Vater berichtet Rohat über seine Gedanken und Pläne. Sein Vater ist sehr stolz auf ihn und will ihn unterstützen, seine Fähigkeiten weiterzuentwickeln. Auch seine Freunde sind beeindruckt und wünschen ihm viel Erfolg.

An den Wochenenden nutzt Rohat die freie Zeit, um mit seiner Familie in den Park zu gehen. Dort sprechen sie über die Zukunft. Rohat nennt den Wunsch, eines Tages vielleicht seine eigene Werkstatt zu eröffnen. Seine Mutter ist überglücklich und lobt Rohats Fleiß und Zielstrebigkeit.

Rohat blickt optimistisch in die Zukunft. Er ist fest entschlossen, in der Werkstatt viel zu lernen und dort seine Fähigkeiten als Mechaniker unter Beweis zu stellen.

AUFGABEN ZU:

ROHATS NEUER ANFANG

Aufgabe 1: Welche Antwort ist richtig? Kreuze an:

Frage 1: Wie lange lernt Rohat schon Deutsch in der Schule?

- ☐ A) Ein Jahr
- ☐ B) Zwei Jahre
- ☐ C) Drei Jahre

Frage 2: Was hat Rohat bekommen?

- ☐ A) Eine Nachricht
- ☐ B) Ein Geschenk
- ☐ C) Eine Einladung

Frage 3: Wo wird Rohat bald arbeiten?

- ☐ A) In einer Schule
- ☐ B) In einem Restaurant
- ☐ C) In einer Autowerkstatt

Frage 4: Was möchte Rohat vor den Sommerferien bekommen?

- ☐ A) Einen wichtigen Brief
- ☐ B) Ein gutes Zeugnis
- ☐ C) Ein neues Auto

Frage 5: Wer hilft Rohat beim Lernen?

- ☐ A) Sein Vater
- ☐ B) Seine Lehrerin
- ☐ C) Seine Tante

Frage 6: Was macht Rohat am Wochenende?

- ☐ A) Er geht ins Kino.
- ☐ B) Er spielt Fußball.
- ☐ C) Er geht in den Park.

Aufgaben zu:

Rohats neuer Anfang

Aufgabe 2: „Mein Traumberuf"

Was ihr macht:

Ihr stellt euren Wunschberuf vor. Macht dazu etwas Kreatives.

So geht's:

1. **Beruf aussuchen:** Denkt an einen Beruf, den ihr später machen wollt.
2. **Etwas dazu machen:**
   → **Plakat:** Zeichnet ein Bild von dem Beruf und schreibt ein paar Wörter dazu.
   → **Modell:** Bastelt etwas Kleines, das zu dem Beruf passt.
   → **Bild am Computer:** Macht ein Bild am Computer oder am Tablet, das zeigt, was man in dem Beruf macht.
3. **In der Klasse zeigen:** Zeigt, was ihr gemacht habt. Erzählt kurz, warum ihr diesen Beruf mögt.
4. **Über Berufe reden:** Hört den anderen zu und lernt, was sie über ihre Berufe sagen.

Aufgaben zu: Rohats neuer Anfang

Extra-Aufgabe: „Berufswelten-Box“

Was ihr macht:

Ihr erstellt eine „Berufswelten-Box“, in der ihr verschiedene Berufe vorstellt.

So geht's:

1. **Berufe auswählen:** Alle wählen zwei bis drei Berufe aus, die sie interessant finden.
2. **Informationen sammeln:** Sucht Informationen zu diesen Berufen. Was machen die Leute in diesen Berufen? Welche Fähigkeiten brauchen sie?
3. **Kreative Box erstellen:**
   → **Materialien sammeln:** Ihr braucht eine kleine Box (zum Beispiel einen Schuhkarton) und verschiedene Bastelmaterialien.
   → **Box gestalten:** Gestaltet jede Seite der Box mit Informationen und Bildern zu einem Beruf. Ihr könnt zeichnen, ausschneiden und kleben.
   → **Beruf darstellen:** Versucht, den Beruf in der Box kreativ darzustellen. Zum Beispiel könnt ihr kleine Gegenstände, die zu dem Beruf passen, in die Box legen.
4. **Präsentation:** Stellt eure „Berufswelten-Box“ in der Klasse vor. Erzählt von dem Beruf, den ihr ausgewählt habt, und warum er euch interessiert.
5. **Ausstellung:** Stellt alle Boxen ins Klassenzimmer, damit alle die verschiedenen Berufe anschauen und mehr darüber lernen können.

OLENAS WEBSEITE

Olena ist neu in Lengerskirchen. Sie kommt aus der Ukraine. Sie ist 15 Jahre alt und geht hier in die Schule.

Deutsch ist schwer für sie. Aber Olena mag Computer und Programmieren. Sie hat eine Idee.

„Ich mache eine Webseite“, sagt Olena.

Die Lehrerin, Frau Weber, findet das gut.

Die Webseite hilft beim Deutschlernen. Schülerinnen und Schüler in Lengerskirchen finden dort einen Partner oder eine Partnerin. Sie lernen zusammen.

Olena arbeitet viel. Die Webseite wird schön und einfach. Es gibt Bilder und leichte Wörter.

Die Mädchen und Jungen schreiben auf der Webseite über sich. Was mögen sie? Was ist ihr Hobby? Die Webseite sucht einen Partner oder eine Partnerin. Er oder sie spricht Deutsch und möchte eine andere Sprache lernen.

Olena hat auch eine Partnerin. Sie heißt Lisa. Lisa möchte Ukrainisch lernen. Olena lernt Deutsch. Sie sprechen zusammen. Manchmal am Computer, manchmal im Park. Die Webseite zeigt, wie gut sie lernen.

Viele Schülerinnen und Schüler mögen die Webseite. Sie lernen und freuen sich. Olena ist froh. Die Webseite hilft allen. Olena hat jetzt viele Freundinnen und Freunde. Sie spricht jetzt besser Deutsch. Die Schule macht ihr jetzt mehr Spaß.

OLENAS WEBSEITE

Olena ist eine neue Schülerin in Lengerskirchen. Sie kommt aus der Ukraine und ist 15 Jahre alt. Sie besucht jetzt die Schule hier.

© GaudiLab – Shutterstock.com

Deutsch zu lernen, findet sie schwierig, aber Olena interessiert sich sehr für Computer und Programmieren. Sie hat eine kreative Idee.

„Ich will eine Webseite machen", sagt Olena. Ihre Lehrerin, Frau Weber, mag diese Idee. Die Webseite soll beim Deutschlernen helfen. Schülerinnen und Schüler in Lengerskirchen können darauf einen Lernpartner oder eine Lernpartnerin finden. Sie lernen dann gemeinsam.

Olena arbeitet fleißig an der Webseite. Sie gestaltet sie benutzerfreundlich, mit einfachen Wörtern und Bildern.

Die Mädchen und Jungen beschreiben auf der Webseite, was sie mögen, ihre Hobbys und Interessen. Die Webseite hilft, einen passenden Lernpartner oder eine Lernpartnerin zu finden. Er oder sie sollte Deutsch sprechen und eine andere Sprache lernen wollen.

Olena findet auch eine Partnerin, Lisa. Lisa möchte Ukrainisch lernen und Olena Deutsch. Sie sprechen oft zusammen, manchmal über den Computer, manchmal treffen sie sich im Park. Die Webseite zeigt, wie gut ihr Lernfortschritt ist.

Viele Schülerinnen und Schüler finden die Webseite toll. Sie lernen zusammen und haben Spaß. Olena ist sehr zufrieden. Ihre Webseite hilft allen.

Jetzt hat Olena viele neue Freundinnen und Freunde. Ihr Deutsch wird besser und die Schule macht ihr mehr Spaß.

OLENAS WEBSEITE

Olena, eine 15-jährige Schülerin, ist kürzlich aus der Ukraine nach Lengerskirchen gezogen.

© GaudiLab – Shutterstock.com

Deutsch zu lernen, stellt für sie eine Herausforderung dar, doch ihre Leidenschaft für Computer und Programmieren motiviert sie.

Sie hat eine innovative Idee. „Ich entwickle eine Webseite“, sagt sie begeistert. Ihre Lehrerin, Frau Weber, unterstützt Olenas Vorhaben voll und ganz. Diese Webseite soll den Schülerinnen und Schülern in Lengerskirchen helfen, Deutsch zu lernen. Sie ermöglicht es ihnen, Lernpartner und Lernpartnerinnen zu finden, um gemeinsam Sprachkenntnisse zu verbessern.

Olena investiert viel Zeit und Mühe in die Entwicklung der Webseite. Sie baut sie benutzerfreundlich, mit einfachen Wörtern und anschaulichen Bildern.

Auf der Plattform stellen sich die Mädchen und Jungen vor, teilen ihre Interessen und Hobbys, und die Webseite hilft, den passenden Lernpartner oder die passende Lernpartnerin zu finden. Diese sollten idealerweise Deutsch sprechen und eine andere Sprache erlernen wollen.

Olena selbst findet eine Partnerin, Lisa, die Ukrainisch lernen möchte. Gemeinsam verbessern sie ihre Sprachkenntnisse, mal beim Chatten am Computer, mal bei Treffen im Park. Die Webseite dokumentiert ihren Fortschritt und bietet zusätzliche Lernmaterialien.

Das Projekt wird bald bei den Schülerinnen und Schülern beliebt. Sie nutzen die Webseite nicht nur zum Lernen, sondern auch zum Chatten und Spaßhaben. Olena freut sich über den Erfolg ihres Projekts. Sie hat nicht nur vielen geholfen, sondern auch ihre eigenen Deutschkenntnisse verbessert und viele Freundschaften geschlossen. Das Arbeiten für den Schulerfolg macht mehr Freude.

AUFGABEN ZU:
OLENAS WEBSEITE

Aufgabe 1: Welche Antwort ist richtig? Kreuze an:

Frage 1: Woher kommt Olena?

- ☐ A) Aus Deutschland
- ☐ B) Aus der Ukraine
- ☐ C) Aus Kasachstan

Frage 2: Was ist schwer für Olena?

- ☐ A) Englisch
- ☐ B) Mathematik
- ☐ C) Deutsch

Frage 3: Was mag Olena?

- ☐ A) Computer und Programmieren
- ☐ B) Sport
- ☐ C) Musik

Frage 4: Warum macht Olena eine Webseite?

- ☐ A) Zum Spaß
- ☐ B) Um Deutsch zu lernen
- ☐ C) Für ein Schulprojekt

Frage 5: Was machen die Jungen und Mädchen auf der Webseite?

- ☐ A) Sie schreiben über sich und ihre Hobbys
- ☐ B) Sie laden Fotos hoch
- ☐ C) Sie spielen Spiele

Frage 6: Wo treffen sich Olena und ihre Partnerin Lisa?

- ☐ A) Im Kino
- ☐ B) Im Park
- ☐ C) Im Schwimmbad

AUFGABEN ZU: OLENAS WEBSEITE

Aufgabe 2: „Erstellt wie Olena eine Webseite"

Was ihr macht:

Ihr erstellt eine eigene Webseite, so wie Olena es gemacht hat.

So geht's:

1. **Webseite besuchen:** Geht auf die Seite primolo.de. Das ist eine Webseite, auf der ihr selbst Webseiten erstellen könnt. Sie ist kostenlos.
2. **Hilfe bei der Anmeldung:** Eure Lehrerin oder euer Lehrer hilft euch bei der Anmeldung. Fragt sie oder ihn, wenn ihr Hilfe braucht.
3. **Eigene Seite gestalten:** Macht eine einfache Webseite. Ihr könnt Bilder und leichte Wörter verwenden.
4. **Über euch schreiben:** Schreibt auf eurer Webseite über euch. Was sind eure Hobbys? Was mögt ihr gerne?
5. **Partnerarbeit:** Denkt an einen Partner oder eine Partnerin in der Klasse. Schreibt, mit wem ihr gerne sprechen möchtet und warum.
6. **Webseite vorstellen:** Zeigt eure Webseite in der Klasse. Erzählt den anderen, was ihr gemacht habt.

> Mit dieser Aufgabe könnt ihr wie Olena eine Webseite erstellen. Dabei könnt ihr Deutsch üben und mehr über euch und eure Mitschülerinnen und Mitschüler erfahren.

⇨ Wenn ihr Hilfe braucht, können euch eure Lehrerinnen und Lehrer unterstützen.

Bitte diesen Hinweis vor dem Kopieren abdecken:
Für Lehrkräfte: Mehr über Primolo.de erfahren Sie unter
https://www.bpb.de/lernen/medienpaedagogik/medienkompetenz-datenbank/206451/primolo/

DAS BASKETBALLTURNIER

In der Schule in Lengerskirchen gibt es bald ein Basketballturnier. Alle Klassen dürfen mitmachen. Die Vorbereitungsklasse will auch mitspielen. Aber nicht alle in der Klasse können Basketball spielen.

© Lopolo – Shutterstock.com

Sami aus Syrien sagt: „Basketball ist ein Teamsport. Wir müssen zusammenspielen.“

Anna aus den Niederlanden sagt: „Ich habe noch nie Basketball gespielt. Aber ich will es auch einmal tun.“

Die Klasse übt jeden Nachmittag. Sami zeigt, wie man den Ball wirft und fängt. Omar aus Syrien ist sehr groß. Er wirft den Ball gut. Der Lehrer, Herr Schmidt, sagt: „Gut gemacht, Omar!“

Am Tag des Basketballturniers ist die Klasse aufgeregt. Das erste Spiel beginnt. Die Schülerinnen und Schüler spielen gegen eine andere Klasse. Es ist schwer. Aber die Vorbereitungsklasse spielt gut zusammen. Anna gibt den Ball zu Omar. Omar wirft den Ball und spielt sehr gut. Die Vorbereitungsklasse gewinnt.

Nach dem Spiel ist die Klasse froh. Sami sagt: „Wir haben zusammen gewonnen.“ Omar sagt: „Ich habe neue Freundinnen und Freunde gefunden.“

Die Klasse ist stolz. Sie haben zusammen gespielt und gewonnen. Die anderen Schülerinnen und Schüler sprechen über ihr Spiel. Jetzt ist die Klasse eine sehr gute Gruppe.

Zurück in der Schule sprechen alle über das Basketballturnier.

Sami sagt: „Nächstes Jahr spielen wir wieder.“ Omar sagt: „Ja, und wir werden noch besser sein!“

DAS BASKETBALLTURNIER

© Lopolo – Shutterstock.com

Die Schülerinnen und Schüler der Vorbereitungsklasse der Schiller-Schule in Lengerskirchen sind aufgeregt, denn nächste Woche findet ein Basketballturnier statt. Alle Klassen dürfen teilnehmen und die Vorbereitungsklasse möchte auch mitspielen. Allerdings können nicht alle Basketball spielen.

Sami, der aus Syrien kommt, erklärt: „Basketball ist ein Teamsport. Es ist wichtig, dass wir zusammenarbeiten.“

Anna aus den Niederlanden nickt zustimmend. „Ich habe noch nie Basketball gespielt, aber ich will es gerne versuchen.“

Jeden Nachmittag trifft sich die Klasse, um zu trainieren. Sami zeigt ihnen, wie man den Ball richtig wirft und fängt. Omar, der sehr groß ist, zeigt Talent beim Werfen des Balls. Der Lehrer, Herr Schmidt, ruft ihm zu: „Sehr gut, Omar!“

Am Tag des Turniers ist die Klasse sehr gespannt. Das erste Spiel beginnt. Die Schülerinnen und Schüler spielen gegen eine andere Klasse. Es ist ein schwieriges Spiel, aber die Vorbereitungsklasse arbeitet gut zusammen. Anna spielt den Ball zu Omar, der wirft und trifft. Die Vorbereitungsklasse gewinnt das Spiel.

Nach dem Spiel ist die Klasse glücklich. Sami sagt: „Wir haben zusammen gewonnen.“ Omar lächelt und sagt: „Ich habe hier neue Freundinnen und Freunde gefunden.“

Die Vorbereitungsklasse ist glücklich. Sie haben zusammen gespielt und das Spiel gewonnen. Auch andere Schülerinnen und Schüler in der Schule sprechen über ihr großartiges Spiel. Die Vorbereitungsklasse ist jetzt ein starkes Team.

Zurück in der Schule sprechen alle über das Turnier.

Sami sagt: „Nächstes Jahr spielen wir wieder mit.“
Omar sagt darauf: „Ja, und dann werden wir noch besser sein!“

DAS BASKETBALLTURNIER

© Lopolo – Shutterstock.com

Die Schülerinnen und Schüler der Vorbereitungsklasse an der Schiller-Schule in Lengerskirchen fiebern dem nächsten Ereignis entgegen: Ein Basketballturnier findet bald statt. Jede Klasse der Schule darf teilnehmen und die Vorbereitungsklasse will sich diese Chance nicht entgehen lassen. Allerdings sind nicht alle in der Klasse versiert im Basketball.

Sami, der aus Syrien stammt, sagt, dass Teamarbeit wichtig ist: „Basketball ist ein Sport, bei dem es auf das Zusammenspiel ankommt. Wir müssen lernen, als Team zu funktionieren."

Anna, die aus den Niederlanden kommt, sagt: „Ich habe noch nie Basketball gespielt, aber ich bin bereit, es zu lernen und mich anzustrengen."

Um sich vorzubereiten, treffen sich die Mädchen und Jungen der Klasse täglich nachmittags zum Üben. Sami demonstriert, wie man den Ball wirft und fängt, während Omar durch seine Körpergröße beim Werfen beeindruckt. Herr Schmidt, ihr Lehrer, lobt ihn: „Ausgezeichnet, Omar!"

Am Tag des Turniers ist die Spannung in der Klasse spürbar. Die Schülerinnen und Schüler spielen gegen andere Klassen und obwohl die Spiele eine Herausforderung sind, zeigt die Vorbereitungsklasse eine beeindruckende Teamleistung. In einem wichtigen Moment spielt Anna den Ball zu Omar, der einen Treffer landet und das Spiel für die Vorbereitungsklasse entscheidet.

Nach ihrem Sieg ist die Stimmung in der Klasse ausgelassen. Sami drückt seine Freude aus: „Wir haben gemeinsam gekämpft und gewonnen." Omar, der nun breit lächelt, fügt hinzu: „Durch das Turnier habe ich nicht nur Basketball, sondern auch neue Freundinnen und Freunde kennengelernt."

Die Vorbereitungsklasse kommt stolz in die Schule zurück. Sie haben nicht nur als Team gespielt und gewonnen, sondern sind auch in der ganzen Schule für ihren Erfolg anerkannt worden. In den folgenden Tagen sprechen alle über ihre tolle Leistung. Jetzt sind sie ein starkes Team und freuen sich auf das nächste Jahr. „Nächstes Jahr sind wir wieder dabei", erklärt Sami. Omar ergänzt: „Und wir werden noch stärker sein!"

AUFGABEN ZU:

DAS BASKETBALLTURNIER

Aufgabe 1: Welche Antwort ist richtig? Kreuze an:

Frage 1: Was ist Samis Meinung über Basketball?

☐ A) Es ist ein Einzelsport.

☐ B) Es ist ein Teamsport.

☐ C) Es ist ein leichter Sport.

Frage 2: Was macht Anna?

☐ A) Sie will nicht Basketball spielen.

☐ B) Sie spielt oft Basketball.

☐ C) Sie möchte Basketball versuchen.

Frage 3: Wer hilft der Klasse beim Üben?

☐ A) Der Lehrer

☐ B) Ein Basketballspieler

☐ C) Eine Schülerin

Frage 4: Was wird über Omar gesagt?

☐ A) Er ist nicht so gut im Werfen.

☐ B) Er ist sehr groß.

☐ C) Er spielt nicht gerne Basketball.

Frage 5: Wie endet das erste Spiel der Klasse?

☐ A) Sie verliert.

☐ B) Sie spielt unentschieden.

☐ C) Sie gewinnt.

Frage 6: Was ist die Reaktion der Schülerinnen und Schüler nach dem Turnier?

☐ A) Sie sind enttäuscht.

☐ B) Sie sind froh und stolz.

☐ C) Sie wollen nicht mehr spielen

DAS BASKETBALLTURNIER

Aufgabe 2: Poster für das Turnier gestalten

Mache ein Poster für das Basketballturnier.
Zeichne Spielerinnen, Spieler und Bälle.
Schreibe den Namen des Turniers und wann und wo das Turnier stattfindet.

Aufgabe 3: Basketball-Comic zeichnen

Zeichne einen kurzen Comic über das Turnier.
Stelle dar, wie die Klasse trainiert und das Spiel gewinnt.
Benutze Sprechblasen für die Dialoge.

Aufgabe 4: Basketball-Lied oder -Gedicht

Schreibe ein kurzes Lied oder Gedicht über Basketball.
Es kann um das Spielen, das Team oder das Gewinnen gehen.
Trage es in der Klasse vor.

Aufgabe 5: Interview mit einem Spieler oder einer Spielerin

Schreibe ein ausgedachtes Interview mit einem Spieler oder einer Spielerin der Klasse.
Denke dir Fragen und Antworten aus. Wie fühlt sich die Person vor und nach dem Spiel?

Tipps für das Interview	Beispielsätze
Einfache Fragen	„Warum magst du diesen Sport?“ / „Warum spielst du gerne Basketball?“ / „Wie lange machst du schon diesen Sport?“ / „Erzähl mir von deinem letzten Spiel.“
Über Gefühle	„Bist du vor einem Spiel nervös?“ / „Was denkst du, wenn du einen Korb wirfst?“ / „Wie fühlst du dich nach einem Sieg?“
Über das Team	„Wie ist es, im Team zu spielen?“ / „Was machst du am liebsten mit deinem Team?“
Über das Training	„Wie oft trainierst du?“ / „Was ist das Wichtigste, das du beim Training lernst?“
Einfache Antworten	„Basketball macht Spaß.“ / „Ich spiele gerne im Team.“ / „Am wichtigsten ist das Zusammenspielen.“ / „Ich trainiere dreimal die Woche.“ / „Das Spiel war spannend. Wir haben gewonnen.“

DER HOCHSEILGARTEN

Die Vorbereitungsklasse aus Lengerskirchen macht heute etwas Besonderes. Die Kinder gehen in einen Hochseilgarten. Die Lehrerin, Frau Ammer, geht mit.

Die Kinder sind aufgeregt. In der Vorbereitungsklasse sind Ali aus dem Irak, Maria aus Spanien, Amir aus Afghanistan und Fatima aus Nigeria. Sie sind Freundinnen und Freunde.

Der Hochseilgarten ist groß. Es gibt viele Seile und Brücken hoch in den Bäumen. Die Kinder schauen nach oben. „Wow!", sagt Ali. Maria lacht. „Das wird lustig!"

Aber Amir hat Angst. Er sieht die hohen Seile. „Das ist sehr hoch", sagt er leise. Fatima steht daneben. „Keine Angst", sagt sie. „Wir helfen dir."

Zuerst geht Ali. Er klettert schnell und lacht. „Das ist lustig!", ruft er. Maria geht als Nächste. Sie macht es mit Vorsicht, aber sie macht es gut. „Ich schaffe das!", sagt sie stolz.

Jetzt ist Amir dran. Er zögert. Fatima nimmt seine Hand. „Zusammen", sagt sie. Sie klettern langsam. Amir wird immer besser. Oben sind sie glücklich. „Jetzt kann ich klettern", sagt Amir.

Sie sehen den Wald von oben. Die Bäume sind grün und das Wetter ist sehr gut. „Schön hier", sagt Fatima. Alle sind froh.

Als sie fertig sind, gehen sie zurück zur Schule. Frau Ammer ist glücklich. „Ihr wart sehr gut", sagt sie. Die Schülerinnen und Schüler sprechen über den Tag. Sie haben etwas Neues gemacht und fanden es lustig. Sie sind eine gute Gruppe.

DER HOCHSEILGARTEN

Die Vorbereitungsklasse der Schiller-Schule in Lengerskirchen macht einen spannenden Ausflug. Die Schülerinnen und Schüler besuchen einen Hochseilgarten. Frau Ammer, ihre Lehrerin, begleitet sie.

Die Kinder sind aufgeregt, besonders Ali aus dem Irak, Maria aus Spanien, Amir aus Afghanistan und Fatima aus Nigeria. Sie freuen sich auf das Abenteuer.

Der Hochseilgarten ist beeindruckend mit seinen hohen Seilen und Brücken. „Wow! Das sieht toll aus!“, ruft Ali. Maria stimmt zu: „Ja, das wird sicher Spaß machen.“

Aber Amir fühlt sich nicht ganz sicher. Er schaut nach oben und sagt: „Das ist sehr hoch.“ Fatima ermutigt ihn: „Keine Sorge, wir sind zusammen. Wir helfen dir.“

Ali klettert als Erster. Er bewegt sich schnell und sicher. „Das ist großartig!“, ruft er. Maria ist hinter ihm. Sie ist vorsichtiger, aber sie macht es gut. „Ich kann das!“, sagt sie stolz.

Jetzt ist Amir an der Reihe. Er zögert, aber Fatima nimmt seine Hand. „Wir schaffen das gemeinsam“, sagt sie. Langsam und vorsichtig klettern sie. Jeder Schritt macht Amir sicherer. Oben angekommen, sind sie glücklich. „Ich habe es geschafft“, sagt Amir.

Von oben haben sie eine wunderbare Aussicht auf den Wald. „Das ist wirklich schön“, sagt Fatima. Sie freuen sich über den Moment.

Nach dem Klettern sind alle müde, aber zufrieden. Sie reden aufgeregt über ihre Erfahrungen. Frau Ammer ist glücklich. „Ihr habt euch heute selbst übertroffen“, sagt sie. Die Schüler sind glücklich. Sie haben nicht nur den Hochseilgarten gemeistert, sondern auch ihre Ängste überwunden.

Zurück in der Schule sprechen alle über den Ausflug. „Das war ein tolles Erlebnis“, sagt Frau Ammer. Die Klasse fühlt sich nun noch stärker als Team.“

DER HOCHSEILGARTEN

Die Schülerinnen und Schüler der Vorbereitungsklasse aus Lengerskirchen erleben heute ein besonderes Abenteuer: einen Ausflug in den Hochseilgarten.

Frau Ammer, die Lehrerin, begleitet die aufgeregte Gruppe. Unter den Schülern sind Ali aus dem Irak, Maria aus Spanien, Amir aus Afghanistan und Fatima aus Nigeria. Alle freuen sich auf das bevorstehende Erlebnis, auch wenn einige von ihnen etwas nervös sind.

Der Hochseilgarten bietet eine beeindruckende Kulisse mit seinen hohen Seilen und Brücken zwischen den Bäumen. Ali, der sich auf solche Aktivitäten freut, ist der Erste, der mutig den Parcours beginnt. „Wow! Das ist ja der absolute Hammer!“, ruft er begeistert. Maria, die zunächst etwas zögerlich ist, folgt ihm. Sie verliebt sich schnell in die neue Herausforderung und ruft: „Ich fühle mich wie eine Heldin!“

Amir betrachtet die Höhe mit gemischten Gefühlen. „Das ist ganz schön hoch. Ich bin mir nicht sicher, ob ich das schaffe“, gesteht er. Fatima, die neben ihm steht, ermutigt ihn mit einem Lächeln: „Keine Angst, wir meistern das gemeinsam.“ Mit jeder überwundenen Hürde wächst Amirs Selbstvertrauen.

Als sie die Spitze erreichen, sind sie überwältigt von der Aussicht. „Das ist einfach unglaublich“, staunt Amir. Die Gruppe genießt den Moment der Ruhe und den Blick auf den Wald.

Erschöpft, aber zufrieden kehren sie zur Schule zurück. Frau Ammer lobt ihre Schülerinnen und Schüler: „Ihr habt heute nicht nur Mut bewiesen, sondern auch gezeigt, wie wichtig Teamarbeit ist.“ Die Mädchen und Jungen der Klasse sprechen noch lange über ihre Erlebnisse. Sie haben nicht nur den Hochseilgarten bezwungen, sondern auch ihre eigenen Ängste überwunden und dabei den Zusammenhalt in der Klasse verbessert.

„Heute haben wir etwas wirklich Besonderes erlebt“, resümiert Frau Ammer. „Und wir haben gelernt, dass wir gemeinsam alles erreichen können.“

AUFGABEN ZU:

DER HOCHSEILGARTEN

Aufgabe 1: Welche Antwort ist richtig? Kreuze an.

Frage 1: Wohin geht die Klasse heute?

- ☐ A) In den Zoo
- ☐ B) In einen Park
- ☐ C) In einen Hochseilgarten

Frage 2: Wer begleitet die Klasse?

- ☐ A) Herr Müller
- ☐ B) Frau Ammer
- ☐ C) Eine Mutter

Frage 3: Wer hat im Hochseilgarten Angst?

- ☐ A) Ali
- ☐ B) Maria
- ☐ C) Amir

Frage 4: Was sagt Ali, als er nach oben schaut?

- ☐ A) „Das ist toll!“
- ☐ B) „Das ist hoch!“
- ☐ C) „Wow!“

Frage 5: Was macht Maria, als sie klettert?

- ☐ A) Sie lacht.
- ☐ B) Sie weint.
- ☐ C) Sie ist vorsichtig.

Frage 6: Wer hilft Amir beim Klettern?

- ☐ A) Ali
- ☐ B) Maria
- ☐ C) Fatima

AUFGABEN ZU:
DER HOCHSEILGARTEN

© ER_09 – Shutterstock.com

Aufgabe 2: Tagebucheintrag schreiben

Schreibe einen Tagebucheintrag aus der Sicht von Ali, Maria, Amir oder Fatima über den Tag im Hochseilgarten. Beschreibe, was sie gesehen, gefühlt und erlebt haben.

Aufgabe 3: Mut-Geschichte erzählen

Erzählt in der Klasse von einer Zeit, in der ihr so mutig wart wie Amir im Hochseilgarten. Was habt ihr gemacht? Wie habt ihr euch gefühlt?

Aufgabe 4: Traust du dich?

Diskutiert in kleinen Gruppen, ob ihr gerne in einen Hochseilgarten gehen würdet. Was würdet ihr gerne machen? Wovor hättet ihr Angst?

Aufgabe 5: Rollenspiel

Spielt in Paaren oder kleinen Gruppen Szenen aus dem Text nach. Zum Beispiel, wie Fatima Amir beim Klettern hilft oder wie Frau Ammer die Schülerinnen und Schüler lobt.

Aufgabe 6: Einen Hochseilgarten zeichnen

Male ein Bild von einem Hochseilgarten, wie du ihn dir vorstellst. Zeige deine Zeichnung und erkläre, was du gemalt hast.

DER ELTERNSPRECHTAG

Heute ist ein wichtiger Tag in der Schule von Lengerskirchen. Es ist Elternsprechtag.

Die Schülerinnen und Schüler der Vorbereitungsklasse sind ein bisschen nervös. Frau Ammer, die Lehrerin, spricht heute mit den Eltern. Viele Eltern sprechen nicht so gut Deutsch. Sie haben Sprachmittler dabei. Manchmal ist auch die Schulsozialarbeiterin da.

Zuerst kommt Alis Vater. Ali ist gut in der Schule, aber Mathe ist schwer für ihn. Der Sprachmittler hilft beim Gespräch. „Ali muss mehr üben", sagt Frau Ammer. Alis Vater sagt: „Wir üben zu Hause mehr."

Dann kommt Marias Mutter. Maria ist gut in der Schule. Sie ist aber oft still. „Maria soll mehr sprechen", sagt Frau Ammer. Marias Mutter sagt: „Ich spreche mit Maria."

Jetzt kommt Amirs Mutter in den Raum. Amir ist schlau, aber er hat oft seine Hausaufgaben nicht. Die Schulsozialarbeiterin sagt: „Amir braucht einen Plan." Amirs Mutter sagt: „Ja, das ist gut."

Fatimas Vater kommt als Letzter. Fatima macht ihre Hausaufgaben immer. Aber manchmal versteht sie nicht alles. „Fatima braucht Hilfe beim Lesen", sagt Frau Ammer. Fatimas Vater sagt: „Wir lesen mehr zu Hause."

Am Ende des Tages sind alle Eltern, Schülerinnen und Schüler zufrieden. Die Eltern verstehen, wie sie ihren Kindern helfen können. Die Schülerinnen und Schüler sind froh, weil alle ihnen helfen wollen.

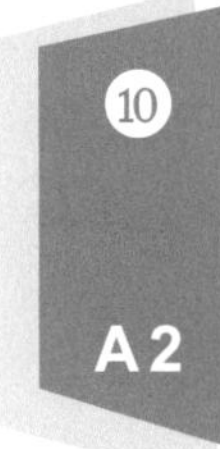

DER ELTERNSPRECHTAG

Heute ist Elternsprechtag in der Schule von Lengerskirchen. Die Schülerinnen und Schüler sind ein bisschen nervös.

© fizkes – Shutterstock.com

Frau Ammer, die Lehrerin, spricht mit den Eltern. Einige Eltern sprechen nicht so gut Deutsch. Sie haben einen Sprachmittler dabei. Manchmal ist auch die Schulsozialarbeiterin dabei.

Zuerst kommt Alis Vater. Ali ist in Mathe nicht so gut. Der Sprachmittler hilft. Frau Ammer sagt: „Ali muss mehr für Mathe lernen.“ Alis Vater versteht und sagt: „Zu Hause üben wir mehr.“

Danach kommt Marias Mutter. Maria macht ihre Aufgaben gut. Sie ist aber oft still im Unterricht. Frau Ammer sagt: „Maria sollte im Unterricht mehr sprechen.“ Marias Mutter sagt: „Ich spreche mit Maria darüber.“

Amirs Mutter kommt als Nächste in den Raum. Amir ist schlau, aber er vergisst oft seine Hausaufgaben. Die Schulsozialarbeiterin gibt einen Tipp: „Amir kann einen Plan machen.“ Amirs Mutter findet die Idee gut.

Zum Schluss kommt Fatimas Vater. Fatima ist immer pünktlich und fleißig. Aber manchmal versteht sie nicht alles. „Fatima braucht Hilfe beim Lesen“, sagt Frau Ammer. Fatimas Vater sagt: „Wir lesen zu Hause mehr.“

Nach den Gesprächen sind alle Eltern, Schülerinnen und Schüler zufrieden. Die Eltern wissen jetzt, wie sie helfen können. Die Schülerinnen und Schüler fühlen sich unterstützt. Sie sind froh, dass ihre Eltern, Lehrerinnen und Lehrer hinter ihnen stehen.

DER ELTERNSPRECHTAG

© fizkes – Shutterstock.com

Der heutige Tag in der Schule von Lengerskirchen ist für die Vorbereitungsklasse ein wichtiger: Es ist Elternsprechtag. Die Schülerinnen und Schüler sind ein bisschen nervös.

Frau Ammer, die Klassenlehrerin, führt Gespräche mit den Eltern der Schülerinnen und Schüler. Für einige Eltern, die noch Schwierigkeiten mit der deutschen Sprache haben, sind Sprachmittler anwesend. Bei einem Gespräch unterstützt auch die Schulsozialarbeiterin.

Zuerst spricht Frau Ammer mit Alis Vater. Ali hat in Mathematik noch Verbesserungsbedarf. Dank des Sprachmittlers kann Alis Vater das Anliegen gut nachvollziehen. „Wir werden zu Hause mehr üben“, verspricht er.

Als Nächstes ist Marias Mutter an der Reihe. Maria ist eine fleißige Schülerin, aber im Unterricht oft zu zurückhaltend. „Maria könnte sich mehr beteiligen“, schlägt Frau Ammer vor. Ihre Mutter plant, mit ihr darüber zu sprechen.

Amir ist ein kluger Schüler, aber er vergisst häufig seine Hausaufgaben. Die Schulsozialarbeiterin schlägt vor, einen Plan zu erstellen, damit Amir seine Hausaufgaben besser organisieren kann. Amirs Mutter stimmt dem zu und ist dankbar für den Rat.

Fatimas Vater ist der Letzte im Gespräch. Fatima ist immer pünktlich und erledigt ihre Aufgaben gewissenhaft. Jedoch hat sie manchmal Schwierigkeiten beim Verstehen des Unterrichtsstoffs. „Mehr Lesen zu Hause könnte Fatima helfen“, meint Frau Ammer. Fatimas Vater nimmt sich dies zu Herzen.

Nach den Gesprächen fühlen sich alle Beteiligten gut informiert und unterstützt. Die Eltern wissen nun, wie sie ihre Kinder am besten fördern können. Die Schülerinnen und Schüler sind beruhigt, da ihre Eltern, Lehrerinnen und Lehrer sie unterstützen und ihre Entwicklung aktiv begleiten.

AUFGABEN ZU:

DER ELTERNSPRECHTAG

Aufgabe 1: Welche Antwort ist richtig? Kreuze an.

Frage 1: Was ist heute in der Schule von Lengerskirchen?

- ☐ A) Ein Schulfest
- ☐ B) Ein Sporttag
- ☐ C) Ein Elternsprechtag

Frage 2: Wer ist nervös?

- ☐ A) Die Lehrerinnen und Lehrer
- ☐ B) Die Schülerinnen und Schüler
- ☐ C) Die Eltern

Frage 3: Womit hat Ali in der Schule Probleme?

- ☐ A) Mit Deutsch
- ☐ B) Mit Mathe
- ☐ C) Mit Sport

Frage 4: Was sagt Frau Ammer über Maria?

- ☐ A) Sie muss mehr lernen.
- ☐ B) Sie soll mehr sprechen.
- ☐ C) Sie ist sehr laut.

Frage 5: Was vergisst Amir oft?

- ☐ A) Seine Jacke
- ☐ B) Seine Hausaufgaben
- ☐ C) Sein Mittagessen

Frage 6: Was braucht Fatima?

- ☐ A) Hilfe beim Lesen
- ☐ B) Ein neues Buch
- ☐ C) Mehr Hausaufgaben

AUFGABEN ZU: DER ELTERNSPRECHTAG

Aufgabe 2: Was sagt Frau Ammer?

Schreibe, was Frau Ammer über die Schülerinnen und Schüler sagt.
Zum Beispiel: Über Ali sagt sie: „Ali muss mehr üben."

Aufgabe 3: Was sagen die Eltern?

Schreibe auf, was die Eltern von Ali, Maria, Amir und Fatima sagen.
Zum Beispiel: Alis Vater sagt: „Zu Hause üben wir mehr."

Aufgabe 4: Rollenspiel

Spielt in Paaren das Gespräch zwischen Frau Ammer und einem Elternteil nach.
Ein Schüler oder eine Schülerin ist Frau Ammer, der oder die andere ist ein Elternteil.

Aufgabe 5: Brief

Schreibe einen Brief an einen Verwandten oder eine Verwandte.
Erzähle, wie du in der Schule bist und was du lernen möchtest.

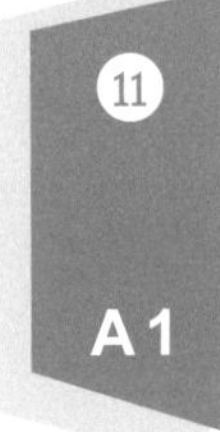

LAYLA

Layla ist zwölf Jahre alt. Sie kommt aus Syrien. Jetzt ist sie Schülerin an der Schiller-Schule in Lengerskirchen. Sie ist in der Vorbereitungsklasse. Layla benutzt einen Rollstuhl.

In der Vorbereitungsklasse sind Kinder aus vielen Ländern. Alle sind freundlich. Layla fühlt sich schnell wohl. Ein Junge heißt Amir und sagt zu ihr: „Hallo, ich bin Amir. Willst du meine Freundin sein?“ Layla lächelt und sagt: „Ja, gerne!“

Amir zeigt Layla die Schule. Es gibt Rampen. Layla kommt überallhin. Amir und Layla werden gute Freunde. Sie lachen und reden viel.

Frau Ammer ist die Lehrerin. Sie ist nett und hilft allen Kindern. Layla lernt Deutsch und Mathe. Sie mag die Schule. „Deutsch ist interessant“, sagt Layla.

In der Pause spielen Layla, Amir und andere Kinder zusammen. Sie sprechen oft. Layla erzählt von Syrien. Die Kinder hören zu. „Das ist spannend“, sagen sie.

Layla lernt jeden Tag neue Wörter. Sie spricht schon gut Deutsch. Musik ist ihr Lieblingsfach. „Musik ist lustig.“, sagt Layla.

Nach der Schule erzählt Layla ihrer Familie von Amir und den anderen Kindern. Ihre Familie freut sich. „Du hast gute Freunde“, sagen sie.

Jeden Tag geht Layla gerne zur Schule. Sie lernt viel und lacht viel. In der Schiller-Schule fühlt sie sich glücklich und willkommen.

LAYLA

Layla ist zwölf Jahre alt und aus Syrien. Sie lebt jetzt in Lengerskirchen und besucht die Schiller-Schule. Layla ist in der Vorbereitungsklasse, wo Kinder aus verschiedenen Ländern zusammen lernen. Sie benutzt einen Rollstuhl.

In der Klasse sind Kinder aus aller Welt. Sie sprechen verschiedene Sprachen und lernen zusammen Deutsch. Layla findet schnell Anschluss. Sie trifft Amir, der aus Afghanistan kommt. „Hallo, ich bin Amir. Willst du mit mir zusammen lernen?“, fragt er freundlich. Layla nickt und lacht. Sie freut sich über die neue Freundschaft.

Frau Ammer, ihre Lehrerin, ist sehr verständnisvoll und unterstützt Layla im Unterricht. Layla lernt gerne Deutsch und Mathematik. Sie findet die Fächer spannend und ist eine eifrige Schülerin. Die Schule ist barrierefrei. Es gibt Rampen, sodass Layla problemlos alle Räume erreichen kann.

In den Pausen redet Layla gerne mit ihren neuen Freundinnen und Freunden. Sie erzählt von Syrien und ihrer Reise nach Deutschland. Die anderen Kinder sind neugierig und hören interessiert zu. Sie reden über ihre Erfahrungen.

Layla macht große Fortschritte in Deutsch. Sie kann sich schon gut verständigen und versteht immer mehr. Musik ist ihr Lieblingsfach. Sie liebt es, zusammen mit den anderen Kindern Musik zu machen.

Nach der Schule erzählt Layla ihrer Familie von ihrem Tag. Sie ist glücklich über ihre neuen Freundinnen und Freunde und die Erfahrungen, die sie in der Schule macht. Ihre Familie ist stolz auf sie und unterstützt sie in ihrem neuen Leben in Lengerskirchen.

Jeden Tag geht Layla gerne zur Schule. Sie genießt das Lernen und das Zusammensein mit ihren Freundinnen und Freunden. In der Vorbereitungsklasse der Schiller-Schule fühlt sie sich akzeptiert und willkommen.

LAYLA

Layla, ein zwölfjähriges Mädchen aus Syrien, lebt nun in Lengerskirchen und besucht die Vorbereitungsklasse der Schiller-Schule. Layla benutzt einen Rollstuhl.

Die Vorbereitungsklasse, bestehend aus Schülerinnen und Schülern unterschiedlichster Herkunft, bietet Layla die Möglichkeit, mit Gleichaltrigen aus aller Welt zu interagieren. Besonders die Freundschaft mit Amir, einem Jungen aus Afghanistan, hat ihr geholfen, sich schneller einzuleben. „Willst du heute mit mir und den anderen Fußball schauen?“, fragt Amir sie eines Tages. Layla, die Sport liebt, freut sich sehr über die Einladung.

Frau Ammer, ihre Lehrerin, unterstützt Layla tatkräftig und sorgt dafür, dass sie im Unterricht gut mitkommt. Layla findet die deutschen Sprach- und Mathematikstunden besonders spannend und zeigt großes Interesse an den neuen Themen. Die Schule ist barrierefrei gestaltet. Es gibt Rampen. Das hilft Layla, ohne Schwierigkeiten am Schulalltag teilzunehmen.

In den Pausen unterhält sich Layla oft mit ihren Freundinnen und Freunden über ihre verschiedenen Kulturen und Erfahrungen. Diese Gespräche bereichern nicht nur ihr Wissen, sondern stärken auch das gemeinsame Verständnis und die Akzeptanz in der Klasse.

Layla macht deutliche Fortschritte in der deutschen Sprache. Sie kann sich mittlerweile fließend mit ihren Mitschülerinnen und Mitschülern sowie den Lehrerinnen und Lehrern unterhalten. Musik bleibt ihr Lieblingsfach und sie genießt es, gemeinsam mit der Schulband zu musizieren.

Zu Hause erzählt Layla begeistert von ihren täglichen Erlebnissen in der Schule. Ihre Familie unterstützt sie und ist stolz auf ihre Fortschritte.

Jeden Tag geht Layla gerne zur Schule. Sie genießt das Lernen, das Zusammensein mit ihren Freundinnen und Freunden und fühlt sich in der Vorbereitungsklasse der Schiller-Schule wertgeschätzt und willkommen.

AUFGABEN ZU:
LAYLA

Aufgabe 1: Rollenspiel „Ein Tag in Laylas Leben“

Was zu tun ist:

Ihr spielt eine Geschichte von Layla nach.

So geht's:

1. **Gruppen machen:** Ihr seid 3 oder 4 Leute in einer Gruppe.
2. **Geschichte aussuchen:** Wählt eine Szene von Layla aus. Zum Beispiel: Laylas erster Schultag.
3. **Wer spielt wen?** Eine Person in der Gruppe ist Layla. Die anderen sind Freundinnen, Freunde oder die Lehrerin.
4. **Üben:** Redet über die Szene. Wer sagt was? Übt ein bisschen.
5. **Sachen benutzen:** Nehmt Dinge aus dem Zimmer, wie Stühle oder Papier.
6. **Spielen:** Zeigt eure Szene in der Klasse.
7. **Darüber reden:** Was war gut? Was kann besser sein?

Denkt dran:

Es soll Spaß machen. Ihr müsst nicht alles richtig machen.
Stellt euch vor, ihr seid Layla oder ihre Freundinnen und Freunde.

Aufgabe 2: Laylas Tagebuch

Denke an Layla in der Schiller-Schule. Wie ist ihr Tag? Was sieht sie? Mit wem spricht sie? Schreibe über ihre Gefühle und Erlebnisse.

Diese Wörter können dir helfen:

Gefühle	Aktivitäten	Orte	Personen
glücklich	lernen	Schule	Amir
aufgeregt	sprechen	Schulhof	Maria
nervös	zuhören	Klasse	Fatima
froh	lachen	Werkstatt	Frau Ammer
traurig	spielen	Bibliothek	Lehrer/Lehrerinnen
überrascht	malen	Aula	Schüler/Schülerinnen

AUFGABEN ZU: LAYLA

Aufgabe 3: Wortsuche

Finde diese Wörter:
↓ ROLLSTUHL, ↓ GLÜCKLICH, ↓ WILLKOMMEN, → RAMPEN, → LIEBLINGSFACH
Kreise sie ein.

F	S	B	F	N	D	N	R	G	K	Q	U	U	Z	N
Y	R	A	M	P	E	N	O	A	N	C	S	R	T	E
D	L	W	K	W	I	L	L	K	O	M	M	E	N	H
A	F	I	Q	K	M	Y	L	B	L	V	F	E	P	Q
U	S	L	O	E	G	P	S	C	D	N	Y	W	D	T
L	W	L	L	L	L	B	T	H	Z	C	Y	N	N	S
M	N	K	P	O	Ü	A	U	Q	E	U	W	T	E	U
Q	W	O	Y	I	C	E	H	T	P	T	J	J	C	T
W	R	M	D	L	K	M	L	Z	X	E	R	I	B	H
U	P	M	T	W	L	F	J	W	T	K	A	W	A	H
L	I	E	B	L	I	N	G	S	F	A	C	H	O	Z
S	E	N	U	C	C	Q	X	Q	U	A	X	M	T	Z
D	W	N	L	I	H	U	I	C	J	R	A	U	N	H
K	O	S	Q	V	L	R	B	P	G	T	I	V	H	J
D	K	Z	F	I	U	A	M	E	P	J	S	A	R	Q

TAG DER OFFENEN TÜR

Heute ist ein besonderer Tag an der Schiller-Schule in Lengerskirchen. Es ist Tag der offenen Tür. Viele Leute kommen in die Schule. Die Vorbereitungsklasse macht etwas Besonderes. Die Schülerinnen und Schüler sprechen über Menschenrechte.

Anna aus Polen beginnt. Sie hat ein großes Bild. Zu sehen sind Menschen aus aller Welt. Anna sagt: „Menschenrechte sind für alle gleich." Sie zeigt auf das Bild und sagt: „Frei sein und gleich sein ist sehr wichtig."

Fatima aus Nigeria hat auch ein Bild gemacht. Es geht um Schule. Fatima erklärt: „In manchen Ländern können Kinder nicht zur Schule gehen. Das ist nicht gut. Alle Kinder sollen lernen." Die Leute hören Fatima. Sie nicken und sagen: „Ja, das ist wichtig."

Maria aus Spanien spricht über Frauen. Sie hat Fotos von Frauen und Mädchen. Maria sagt: „Frauen und Männer sind gleich." Viele Mütter in der Schule freuen sich. Sie sagen: „Maria spricht gut."

Dann kommt Amir aus Afghanistan. Er spricht über ein gutes Leben. „In meinem Land gibt es viele Probleme. Jeder Mensch soll gut leben.", sagt Amir. Die Leute hören ihn.

Dann kommt Ali. Er ist aus dem Irak. Ali zeigt ein Bild von der Erde. Er sagt: „Wir müssen unsere Welt schützen." Die Lehrer, Lehrerinnen und Eltern klatschen. Sie sagen: „Das ist eine gute Idee."

Lehrerinnen, Lehrer und Eltern sprechen mit den Jungen und Mädchen. Sie mögen die Ideen. Ein Vater sagt: „Die Kinder haben viel gelernt. Sie denken an andere Menschen."

Am Ende des Tages ist Frau Ammer, die Lehrerin, sehr glücklich. Sie sagt: „Ihr habt das toll gemacht. Ihr wisst viel über Menschenrechte." Die Schülerinnen und Schüler der Vorbereitungsklasse sind glücklich. Sie haben etwas Wichtiges gemacht. Sie haben über Menschenrechte gesprochen und viel gelernt.

TAG DER OFFENEN TÜR

Heute ist ein spannender Tag an der Schiller-Schule in Lengerskirchen. Es ist Tag der offenen Tür, und viele Besucherinnen und Besucher kommen in die Schule. Die Vorbereitungsklasse hat sich entschieden, etwas Besonderes zu machen. Die Schülerinnen und Schüler präsentieren das Thema Menschenrechte.

Anna aus Polen hat ein interessantes Plakat gemacht. Sie zeigt darauf Fotos von Menschen aus verschiedenen Ländern und erklärt: „Menschenrechte sind für jede und jeden auf der Welt da. Alle Menschen sollen frei sein und gleich sein.

Fatima aus Nigeria präsentiert ein weiteres Plakat. Es geht um das Thema Schule. „In einigen Ländern können Kinder nicht zur Schule gehen. Das ist schlecht. Jedes Kind soll lernen dürfen“, erklärt Fatima. Die Zuhörer und Zuhörerinnen sind interessiert und stimmen ihr zu, dass Schule wichtig ist.

Maria aus Spanien spricht über Frauen. Sie zeigt Fotos von starken Frauen und Mädchen und sagt: „Frauen und Männer sollten gleichberechtigt sein.“ Viele Mütter in der Schule stimmen zu und loben Maria für ihre deutlichen Worte.

Amir aus Afghanistan spricht über das Leben in Angst. „Jeder Mensch soll sich sicher fühlen“, erklärt er. Die Besucherinnen und Besucher hören aufmerksam zu und finden seine Idee toll.

Ali aus dem Irak zeigt ein Bild unserer Welt und spricht über Umweltschutz. „Wir müssen die Welt schützen. Das ist auch wichtig für zukünftige Generationen“, sagt er. Die Lehrer, Lehrerinnen und Eltern applaudieren und loben seine Idee.

Am Ende des Tages ist Frau Ammer, die Lehrerin, sehr zufrieden mit ihrer Klasse. „Ihr habt das großartig gemacht. Ihr habt viel über Menschenrechte gelernt und sie gut präsentiert“, lobt sie die Klasse. Die Schülerinnen und Schüler der Vorbereitungsklasse fühlen sich gut. Sie haben das wichtige Thema Menschenrechte vorgestellt und viel gelernt.

TAG DER OFFENEN TÜR

Heute findet an der Schiller-Schule in Lengerskirchen ein besonderes Ereignis statt: der Tag der offenen Tür. Viele Besucherinnen und Besucher strömen in die Schule, um an verschiedenen Aktivitäten teilzunehmen. Die Vorbereitungsklasse hat sich für diesen Tag ein spezielles Thema ausgesucht: Menschenrechte.

Anna aus Polen präsentiert als Erste. Sie hat ein umfangreiches Plakat gestaltet, auf dem Menschen unterschiedlichster Herkunft abgebildet sind. „Menschenrechte sind universell und gelten für jeden einzelnen Menschen", erklärt Anna. Sie geht auf verschiedene Rechte ein, wie die Freiheit, seine Meinung zu sagen, und dass alle Menschen gleich vor dem Gesetz sind.

Fatima aus Nigeria zeigt ein Plakat mit dem Thema „Recht auf Bildung". „In manchen Teilen der Welt ist der Zugang zu Bildung eingeschränkt. Jedes Kind hat jedoch das Recht, zur Schule zu gehen", sagt Fatima. Die Zuhörerinnen und Zuhörer nicken zustimmend und diskutieren lebhaft über die Wichtigkeit von Bildung.

Maria aus Spanien konzentriert sich auf die Rechte von Frauen. Sie stellt Fotos von Frauen in verschiedenen Lebenssituationen vor und erklärt: „Frauen und Männer sollten die gleichen Rechte haben. Frauenrechte sind ein wichtiger Bestandteil der Menschenrechte." Ihr Beitrag wird besonders von den anwesenden Müttern geschätzt.

Amir aus Afghanistan spricht über das Recht auf Sicherheit und Frieden. „In meinem Heimatland gibt es viel Gewalt. Menschen dort leben in ständiger Angst. Jeder Mensch hat das Recht auf ein sicheres Leben", sagt er mit ernstem Gesicht. Die anwesenden Eltern denken mit traurigen Gesichtern über seine Worte nach.

Zum Abschluss präsentiert Ali aus dem Irak ein selbst gemaltes Bild der Erde und spricht über das Thema Umweltschutz. „Der Schutz unserer Umwelt ist auch ein Menschenrecht. Wir müssen unsere Erde für zukünftige Generationen schützen", sagt er überzeugt. Alle klatschen und es entsteht eine Diskussion über Umweltschutz. Am Ende des Tages ist Frau Ammer, die Klassenlehrerin, sehr stolz auf ihre Schülerinnen und Schüler. „Ihr habt heute tolle Arbeit geleistet und viel über Menschenrechte gelernt", lobt sie die Klasse. Die Jugendlichen fühlen sich bestärkt und sind zufrieden, dass sie ein so wichtiges Thema behandeln konnten. Sie sind entschlossen, auch in Zukunft aktiv Menschenrechte zu schützen.

12

AUFGABEN ZU:
TAG DER OFFENEN TÜR

Aufgabe 1: Was steht im Text? Kreuze an.

	Ja	Nein
Heute ist ein normaler Schultag.		
Die Klasse redet über Menschenrechte.		
Fatima sagt, Kinder müssen nicht zur Schule gehen.		
Maria spricht über Umweltschutz.		
Alis Bild zeigt die Erde.		

Aufgabe 2: Ein Podcast über Menschenrechte

Was ihr macht:
Macht einen kurzen Podcast über Menschenrechte.

So geht's:

1. **Ein Recht aussuchen:** Schaut euch die Tabelle an. Wählt ein Menschenrecht.

Menschenrecht	Was es bedeutet
Bildung	Alle dürfen zur Schule gehen.
Sicherheit	Alle sollen sicher leben.
Gleichheit	Alle Menschen sind gleich.
Meinung	Alle dürfen die Meinung sagen.
Gesundheit	Alle dürfen medizinische Hilfe bekommen.
Freizeit	Alle dürfen sich ausruhen.
Familie	Alle dürfen eine Familie haben.
Arbeit	Alle dürfen arbeiten.
Umwelt	Alle dürfen in einer gesunden Umwelt leben.

2. **Darüber sprechen:** Sprecht über das Recht. Warum ist es wichtig?
   Gute Sätze für den Podcast: *Hallo, ich bin …*
   Heute sprechen wir über ein wichtiges Menschenrecht:
   Das Recht auf …
   Das Recht auf … bedeutet: …
   … ist wichtig, weil …
   Das war unser Podcast zum Thema … Danke fürs Zuhören.

3. **Aufnehmen:** Nehmt eure Stimmen auf. Ihr könnt ein Tablet benutzen.

4. **Vorspielen:** Spielt euren Podcast in der Klasse vor.

DIE VORBEREITUNGSKLASSE IN DER BIBLIOTHEK

Die Vorbereitungsklasse besucht heute die Bibliothek. Frau Ammer erklärt: „In der Bibliothek gibt es Bücher in vielen Sprachen."

© wavebreakmedia – Shutterstock.com

In der Bibliothek begrüßt sie Herr Schmidt: „Hallo! Hier könnt ihr Bücher in eurer Sprache und zum Deutschlernen ausleihen", sagt er.

Ali fragt: „Gibt es Bücher über Fußball?" Herr Schmidt antwortet: „Ja, hier sind viele Bücher über Sport."

Maria sieht Kinderbücher. Sie sagt zu ihrer Freundin Lea: „Hier sind Märchenbücher! Ich liebe Märchen." Lea antwortet: „Ich auch. Sollen wir ein Buch ausleihen?"

Herr Schmidt zeigt einen Raum mit Spielen. „Hier könnt ihr Spiele zum Deutschlernen und andere Spiele finden", sagt er. Tom fragt: „Können wir ein Spiel ausleihen?" Herr Schmidt nickt.

„Zum Ausleihen braucht ihr eine Karte", erklärt Herr Schmidt. Die Kinder füllen ein Formular aus und erhalten ihre Karte.

Ali nimmt ein Fußballbuch, Maria und Lea wählen ein Märchenbuch und Tom nimmt ein Spiel. An der Theke zeigen sie ihre Karten.

Beim Verlassen der Bibliothek sagt Frau Ammer: „In der Bibliothek könnt ihr viel lernen und es ist lustig." Die Kinder freuen sich auf die Bücher und Spiele, die sie ausgeliehen haben.

„Ich komme bald wieder. Ich will mehr gute Bücher finden", sagt Ali. Die anderen wollen das auch.

DIE VORBEREITUNGSKLASSE IN DER BIBLIOTHEK

Heute besucht die Vorbereitungsklasse die Bibliothek in Lengerskirchen. Frau Ammer, die Lehrerin, erklärt den Schülerinnen und Schülern: „In der Bibliothek könnt ihr viele Bücher finden. Es gibt Bücher in vielen Sprachen und auch Bücher zum Deutschlernen."

© wavebreakmedia – Shutterstock.com

Als sie die Bibliothek betreten, begrüßt sie Herr Schmidt, der Bibliothekar: „Guten Tag! Hier könnt ihr Bücher und Spiele ausleihen. Wir haben auch Bücher in eurer Muttersprache."

Ali fragt Herrn Schmidt: „Wo finde ich Bücher über Fußball?" Herr Schmidt zeigt ihm den Weg: „Die Sportbücher sind dort drüben."

Maria sieht ein Regal mit Kinderbüchern. Sie sagt zu Lea: „Hier sind Märchenbücher. Ich mag Märchen sehr." Lea antwortet: „Ich auch. Lass uns zusammen ein Buch wählen."

Herr Schmidt führt die Klasse zu den Spielen. „Hier könnt ihr auch Spiele zum Deutschlernen finden", sagt er. Tom fragt: „Darf ich ein Spiel ausleihen?" „Natürlich", antwortet Herr Schmidt.

„Um Bücher oder Spiele auszuleihen, braucht ihr eine Karte", erklärt Herr Schmidt. Die Kinder füllen ein Formular aus und erhalten ihre Karten.

Mit ihren Karten leihen die Kinder Bücher und Spiele aus. An der Theke zeigt Herr Schmidt, wie man die Bücher und Spiele mit einem Computer ausleiht.

Beim Verlassen der Bibliothek sagt Frau Ammer: „In der Bibliothek könnt ihr viel lernen und Spaß haben. Bücher sind Schätze des Wissens." Die Kinder sind glücklich über ihre neuen Bücher und Spiele.

Ali sagt: „Ich komme bald wieder, um mehr Bücher zu finden." Die anderen stimmen zu und freuen sich auf ihren nächsten Besuch.

DIE VORBEREITUNGSKLASSE IN DER BIBLIOTHEK

Die Vorbereitungsklasse macht heute einen Ausflug zur Stadtbibliothek Lengerskirchen. Frau Ammer, die Lehrerin, erklärt den Schülerinnen und Schülern, dass sie hier viele interessante Bücher finden können. „Es gibt Bücher in verschiedenen Sprachen, auch Bücher zum Deutschlernen und spannende Romane“, sagt sie.

© wavebreakmedia – Shutterstock.com

In der Bibliothek werden sie von Herrn Schmidt, dem Bibliothekar, begrüßt: „Willkommen!

Wir haben hier eine große Auswahl an Büchern und Spielen für euch“, erklärt er.

Ali zeigt Interesse an Sportbüchern. „Wo finde ich Bücher über Fußball?“, fragt er. Herr Schmidt führt ihn zu einem Regal mit Sportbüchern. Maria und Lea entdecken ein Regal mit Kinderbüchern. „Diese Märchenbücher sehen interessant aus“, sagt Maria.

Dann zeigt Herr Schmidt den Kindern die Spielecke. „Hier könnt ihr auch Spiele finden, die euch beim Deutschlernen helfen“, sagt er. Tom wählt ein Sprachspiel aus und sagt: „Das sieht lustig aus. Ich möchte es ausprobieren.“

Herr Schmidt erklärt, wie man eine Bibliothekskarte erhält. „Mit dieser Karte könnt ihr Bücher und Spiele ausleihen“, sagt er. Die Kinder füllen die Formulare aus und erhalten ihre Karten.

An der Ausleihtheke zeigt Herr Schmidt, wie man Bücher und Spiele ausleiht. „Ihr leiht einfach die Bücher und Spiele hier an der Theke mit dem Computer aus“, erklärt er. Die Kinder leihen ihre gewählten Bücher und Spiele aus.

Beim Verlassen der Bibliothek sagt Frau Ammer: „Bibliotheken sind wunderbare Orte zum Lernen und Entdecken. Nutzt die Chance, hier viel zu lernen.“ Die Kinder sind begeistert und freuen sich darauf, ihre neuen Bücher und Spiele zu Hause zu nutzen.

„Ich werde bald wiederkommen, um andere Bücher auszuleihen“, sagt Ali. Die anderen stimmen zu und planen bereits ihren nächsten Besuch.

AUFGABEN ZU:

DIE VORBEREITUNGSKLASSE IN DER BIBLIOTHEK

Aufgabe 1: Was steht ihm Text? Kreuze an.

	Ja	Nein
In der Bibliothek gibt es nur deutsche Bücher.		
Es gibt Bücher über Sport.		
Spiele kann man nicht ausleihen.		
Maria nimmt ein Märchenbuch.		
Man braucht eine Karte zum Ausleihen.		

Aufgabe 2: Bücher, die ich lesen möchte

1. Was mag ich?

→ Schreibt zuerst eine Liste von Dingen, die ihr mögt. Zum Beispiel: Tiere, Fußball, Musik, Autos, Computer.

→ Sprecht in der Klasse über eure Listen. Sagt: „Ich mag Tiere." oder „Ich mag Fußball."

→ Schreibt Sätze wie: „Ich möchte ein Buch über Tiere lesen."
Oder: „Ich möchte ein Buch über Fußball lesen."

2. Nachdenken

→ Am Ende: Warum ist es gut, Bücher zu lesen? Warum liest du gern Bücher? Sprecht in der Klasse darüber.

Aufgabe 3: Mein eigenes Buch

→ Stell dir vor, du kannst ein Buch schreiben. Wie heißt dein Buch? Worum geht es? Zum Beispiel: „Mein Buch heißt ‚Abenteuer im Weltall'. Es geht um Planeten."

→ Male die Titelseite deines Buches.

→ Stelle dein Buch in der Klasse kurz vor.

GLOSSAR

Text	Seite	schwieriges Wort	Bedeutung
❶ **Der erste Schultag (A1)**	5	(der) **Schultag**	Tag in der Schule
		(sich) **melden**	in der Schule die Hand heben
		nächster Tag	morgen
❶ **Der erste Schultag (A2)**	6	(der) **Schultag**	Tag in der Schule
		Zeit zusammen **verbringen**	mit anderen einige Zeit zusammen sein
		(der) **Heimweg**	Weg nach Hause
❶ **Der erste Schultag (B1)**	7	(der) **Schultag**	Tag in der Schule
		(die) **Aufregung**	Freude
		sich einleben	es gefällt einem langsam am neuen Ort
		(der) **Hintergrund** / (die) **Hintergründe**	hier: Informationen über ihr Leben
		(die) **Leidenschaft**	Lieblingshobby
❷ **Rad fahren (A1)**	10	(das) **Üben / üben** (Verb)	oft wiederholen
		ermutigen	jemandem sagen: „Du machst das schon gut!“
		(die) **Fahrradtour**	Ausflug mit dem Fahrrad
❷ **Rad fahren (A2)**	11	(jemanden) **unterstützen** / (die) **Unterstützung**	(jemandem) helfen / Hilfe
		unsicher	nicht sicher
		enge Freunde	sehr gute Freunde
		sich wohlfühlen	zufrieden sein
❷ **Rad fahren (B1)**	12	**sich einleben**	es gefällt einem langsam am neuen Ort
		gestalten	machen
		(die) **Abwechslung**	etwas Neues / nicht immer das Gleiche
		glücklicherweise	es ist sehr gut
		zur Verfügung stellen	ausleihen
		(jemandem) etwas **beibringen**	(jemandem) zeigen, wie etwas geht
		geduldig	Geduld haben
		(das) **Gleichgewicht halten**	nicht vom Fahrrad fallen

GLOSSAR

Text	Seite	schwieriges Wort	Bedeutung
❷ *Rad fahren (B1)*	*13*	**stolpern**	fallen
		stets	immer wieder
		universelle Sprache	eine Sprache, die alle verstehen
		(etwas) **empfinden**	fühlen, hier: der Meinung sein
		lebhaft	mit viel Interesse
❸ Sami und Omar (A1)	15	(der) **Park**	schöner Ort mit Bäumen in der Stadt
		(jemanden) **vermissen**	ein Mensch fehlt dir
		traurig	☹
❸ Sami und Omar (A2)	16	(jemanden) **vermissen**	ein Mensch fehlt dir
		aufgeben	sagen, dass man es nicht schafft
❸ Sami und Omar (B1)	17	**einander**	hier: uns
❹ Fahims erstes Fußballtraining (A1)	19	(das) **Fußball-training / Training**	zusammen (Fußball) spielen im Verein
		aufgeregt	nicht ruhig
		(der) **Spieler** / (die) **Spielerin**	ein Mensch, der (Fußball) spielt
		nett	freundlich
		(der) **Sportplatz**	ein Ort für Sport
		begrüßen	Hallo sagen
		(der) **Trainer** / (die) **Trainerin**	„Chef" im Verein
		nervös	nicht ruhig
❹ Fahims erstes Fußballtraining (A2)	20	(die) **Freundschaft** / (die) **Freundschaften**	Freunde
		sich entscheiden	eine Sache nehmen / beginnen
		unsicher	nicht sicher
		(die) **Fähigkeiten**	alles, was man gut kann
		(das) **Lob**	Das sagt jemand, wenn man etwas gut gemacht hat.
❹ Fahims erstes Fußballtraining (B1)	21	**schlicht**	einfach

GLOSSAR

Text	Seite	schwieriges Wort	Bedeutung
❹ *Fahims erstes Fußballtraining (B1)*	*21*	(die) **Erwartung**/ (die) **Erwartungen**	was jemand erwartet
		ermutigen	jemandem sagen, dass er/sie es schaffen kann
		mit dieser Unterstützung im Rücken	mit dieser großen Hilfe
		(das) **Selbstvertrauen**	Wissen, dass man etwas kann
		engagiert	mit viel Kraft
		(die) **Vorfreude**	Freude auf eine Sache in der Zukunft
		unübersehbar	sehr gut zu sehen
❺ **Ein Ausflug ins Museum (A1)**	23	**aufgeregt**	nicht ruhig
		zuerst	als Erstes
		… **schauen** sich alles **an**	… sehen sich alles an
		einige	nicht alle
		erinnern an	an früher denken
		(der) **Künstler**/(die) **Künstlerin**	jemand, der Bilder malt
		Was denkst du?	Wie findest du es?
		(das) **Kunstwerk**	eine Sache von einem Künstler/einer Künstlerin gemacht
		(die) **Tüte**	einfache Tasche zum Einkaufen
		(der) **Regenbogen**	bunte Farben am Himmel, wenn es regnet und die Sonne scheint
		(die) **Skulptur**	Kunstwerk aus Stein
		interessant	sehr toll
		kreativ (sein)	gute Ideen haben
❺ **Ein Ausflug ins Museum (A2)**	24	**gespannt** (sein)	sich sehr freuen
		(jemanden) **begrüßen**	Hallo sagen
		betrachten	anschauen
		es **erinnert** mich an …	es ist für mich wie …
		ungewöhnlich	nicht normal

GLOSSAR

Text	Seite	schwieriges Wort	Bedeutung
❺ *Ein Ausflug ins Museum (A2)*	*24*	(das) **Kunstwerk**	eine Sache von einem Künstler / einer Künstlerin gemacht
		(die) **Skulptur**	Kunstwerk aus Stein
		faszinierend	toll, interessant
		alltäglich	normal
		(der) **Gegenstand** / (die) **Gegenstände**	Ding / Dinge
		gestalten	machen
		kreativ (sein)	gute Ideen haben
❺ **Ein Ausflug ins Museum (B1)**	25	(die) **Neugierde**	neugierig sein
		zeitgenössisch	aktuell / aus unserer Zeit
		(das) **Kunstwerk**	eine Sache von einem Künstler / einer Künstlerin gemacht
		rätseln	sich wundern
		faszinierend	fantastisch
		lebhafte Farben	Farben voller Leben
		erläutern	beschreiben
		farbenfroh	bunt
		außergewöhnlich	besondere
		alltäglich	aus dem Alltag
		(die) **Skulptur**	Kunstwerk aus Stein
		experimentieren	ausprobieren
		inspirierend	macht die Fantasie aktiv / man will selbst etwas machen
❻ **Rohats neuer Anfang (A1)**	28	(die) **Autowerkstatt** / (die) **Werkstatt**	Ort, an dem Autos repariert werden
		(die) **Sommerferien**	die Zeit im Sommer ohne Schule
		(das) **Zeugnis**	Ergebnisse aus der Schule
		zuhören	hören, was ein Mensch sagt

GLOSSAR

Text	Seite	schwieriges Wort	Bedeutung
❻ *Rohats neuer Anfang (A1)*	*28*	(das) **Schuljahr**	ein Jahr in der Schule (z. B. 2024/2025)
		Sein Vater ist **stolz** auf ihn.	Sein Vater mag seinen Sohn und was er macht, sehr.
		toll	sehr gut
		(der) **Park**	schöner Ort mit Bäumen in der Stadt
		(die) **Zukunft**	was bald passiert
		glücklich	☺
		fleißig (sein)	viel arbeiten
		von etwas **träumen**	etwas sehr stark wollen
		(der) **Mechaniker /** (die) **Mechanikerin**	jemand, der an Autos arbeitet
❻ **Rohats neuer Anfang (A2)**	29	**aufmerksam**	gut aufpassen
		(das) **Schuljahr**	ein Jahr in der Schule (z. B. 2024/2025)
		(der) **Ratschlag** / (die) **Ratschläge**	Tipp / Tipps
		fest **entschlossen** sein	etwas dringend wollen
		(die) **Zukunft**	was bald passiert
		(die) **Herausforderung**	schwierige Sache, die man machen muss
❻ **Rohats neuer Anfang (B1)**	30	**engagiert**	fleißig
		kontinuierlich	immer mehr, immer weiter
		kürzlich	vor Kurzem
		(die) **Anstellung**	Job
		sich **bewusst** sein	wissen
		arbeitsintensive Zeit	Zeit mit viel Arbeit
		die Sommerferien **stehen vor der Tür**	die Sommerferien sind fast da
		exzellent	besonders gut
		künftiger Arbeitgeber	der Chef, den man bald hat
		kompetenter Mitarbeiter	kluger Mitarbeiter

GLOSSAR

Text	Seite	schwieriges Wort	Bedeutung
❻ *Rohats neuer Anfang (B1)*	*30*	sich etwas **widmen**	an etwas arbeiten
		(der) **Eifer**	fleißig sein
		jemandem mit Rat und Tat zur Seite stehen	so viel helfen, wie es geht
		(das) **Engagement**	fleißiges Verhalten
		(die) **Perspektive**	Aussicht
		hervorragend	besonders toll
		beeindruckt	begeistert
		überglücklich	sehr zufrieden
		(die) **Zielstrebigkeit**	wenn man ein Ziel erreichen will
		(die) **Fähigkeiten**	alles, was man gut kann
		unter Beweis stellen	zeigen, dass man es kann
❼ **Olenas Webseite (A1)**	34	(die) **Webseite**	Ort im Internet
		programmieren	in Computersprache schreiben
		(die) **Idee**	etwas kommt ihr in den Kopf
		manchmal	nicht immer
		(der) **Park**	schöner Ort mit Bäumen in der Stadt
		froh sein	☺
		Die Schule macht ihr jetzt mehr Spaß.	Sie mag die Schule jetzt viel mehr.
❼ **Olenas Webseite (A2)**	35	**kreativ** (sein)	gute Ideen haben
		gestalten	machen
		gemeinsam	zusammen
		benutzerfreundlich	einfach zu benutzen
		(der) **Lernfortschritt**	die Teile, die man schon gelernt hat
❼ **Olenas Webseite (B1)**	36	**kürzlich**	vor Kurzem
		(die) **Herausforderung**	eine schwierige Sache
		(die) **Leidenschaft**	sehr großes Interesse
		(das) **Programmieren**	in Computersprache schreiben

GLOSSAR

Text	Seite	schwieriges Wort	Bedeutung
7 *Olenas Webseite (B1)*	*36*	**motivieren**	bewegen
		innovativ	neu
		(das) **Vorhaben**	Plan
		voll und ganz	komplett
		ermöglichen	die Chance geben
		Zeit und Mühe in etwas investieren	sich sehr anstrengen, um etwas zu schaffen
		benutzerfreundlich	einfach zu benutzen
		anschaulich	passend
		idealerweise	es wäre ideal
		erlernen	lernen
		dokumentieren	hier: speichern
		zusätzliche	noch mehr
		chatten	sprechen
8 **Das Basketballturnier (A1)**	39	(das) **Basketballturnier**	viele Basketballspiele an einem Tag
		(der) **Teamsport**	Sport, den man zusammen macht, nicht alleine
		üben	oft machen
		den Ball werfen	den Ball hoch fliegen lassen
		den Ball fangen	den fliegenden Ball nehmen
		aufgeregt	nicht ruhig
		froh	☺
		Die Klasse ist stolz.	Die Klasse glaubt an sich und findet sich gut.
8 **Das Basketballturnier (A2)**	40	**aufgeregt**	nicht ruhig
		(das) **Basketballturnier** / (das) **Turnier**	viele (Basketball-)Spiele an einem Tag
		(der) **Teamsport**	Sport, den man zusammen macht, nicht alleine
		allerdings	aber
		zustimmend nicken	mit dem Kopf Ja sagen
		Talent zeigen	etwas sehr gut können

GLOSSAR

Text	Seite	schwieriges Wort	Bedeutung
❽ *Das Basketballturnier (A2)*	*40*	**gespannt sein**	mit Freude nicht ruhig sein können
		den Ball werfen	den Ball hoch fliegen lassen
		den Ball fangen	den fliegenden Ball nehmen
		treffen	hier: den Ball in das Ziel machen
		großartig	sehr toll
		(das) **starke Team**	starke Gruppe
❽ **Das Basketballturnier (B1)**	41	(das) **Basketballtur-nier** / (das) **Turnier**	viele (Basketball-)Spiele an einem Tag
		einem Ereignis **entgegenfiebern**	sich sehr stark auf ein Ereignis freuen
		sich etwas nicht **entgehen lassen**	unbedingt dabei sein
		nicht **versiert** sein	nicht besonders gut sein
		etwas **demonstrieren**	etwas zeigen
		(jemanden) **beein-drucken**	zeigen, wie toll man ist
		die Spannung ist spürbar	man merkt, dass alle sehr aufgeregt sind
		einen Treffer landen	hier: einen Korb / Punkte machen
		die Stimmung ist ausgelassen	die Stimmung ist super
		seine Freude ausdrücken	seine Freude zeigen
		breit lächeln	sehr freundlich lachen
		etwas **hinzufügen**	hier: noch etwas sagen
❾ **Der Hochseilgarten (A1)**	44	(der) **Hochseilgarten**	Ort im Wald zum Gehen hoch in den Bäumen
		etwas Besonderes	was man an einem normalen Tag nicht macht
		aufgeregt	nicht ruhig
		Seile und Brücken	hier läuft man zwischen den Bäumen (im Foto zu sehen)

GLOSSAR

Text	Seite	schwieriges Wort	Bedeutung
❾ *Der Hochseilgarten (A1)*	*44*	**Angst haben**	etwas nicht machen wollen
		klettern	hochgehen mit Armen und Beinen
		ich schaffe das	ich kann das
		dran sein	jetzt machen
		zögern	warten
❾ **Der Hochseilgarten (A2)**	45	(der) **Hochseilgarten**	Ort im Wald zum Gehen hoch in den Bäumen
		jemanden begleiten	dabei sein und aufpassen
		aufgeregt	nicht ruhig
		(das) **Abenteuer**	das Spannende, das passiert
		beeindruckend	ganz toll
		Seile und Brücken	hier läuft man zwischen den Bäumen (im Foto zu sehen)
		zustimmen	es auch so finden
		ermutigen	jemandem sagen, dass er es schafft
		klettern	hochgehen mit Armen und Beinen
		großartig	ganz toll
		zögern	etwas warten
		gemeinsam	zusammen
		wunderbar	super
		(die) **Aussicht**	was man sieht
		sich selbst **übertreffen**	noch besser als sonst sein
		etwas meistern	etwas schaffen
		Ängste **überwinden**	keine Angst mehr haben
❾ **Der Hochseilgarten (B1)**	46	(der) **Hochseilgarten**	Ort im Wald, wo man hoch in den Bäumen gehen und klettern kann
		bevorstehend	als Nächstes kommend
		beeindruckend	ganz toll

GLOSSAR

Text	Seite	schwieriges Wort	Bedeutung
⑨ *Der Hochseilgarten (B1)*	*46*	(die) **Kulisse**	Landschaft
		Seile und Brücken	hier läuft und klettert man zwischen den Bäumen (im Foto zu sehen)
		(der) **Parcours**	hier: die Strecke in den Bäumen
		der absolute Hammer	supertoll
		zögerlich	etwas wartend
		betrachten	anschauen
		gestehen	sagen, was man geheim denkt
		(jemanden) **ermutigen**	jemandem sagen, dass er/sie es schafft
		meistern	schaffen
		(die) **Hürde**	etwas, das im Weg ist
		(das) **Selbstvertrauen**	an sich selbst glauben
		(die) **Spitze**	ganz oben
		überwältigt	es sehr toll finden
		erschöpft	sehr müde
		bezwingen	über etwas siegen
		Ängste **überwinden**	keine Angst mehr haben
		(der) **Zusammenhalt**	hier: Freundschaft
		resümieren	zusammenfassen
⑩ **Der Elternsprechtag (A1)**	48	(der) **Elternsprechtag**	Tag oder Abend in der Schule, an dem die Eltern mit den Lehrerinnen und Lehrern sprechen
		nervös	nicht ruhig
		(der) **Sprachmittler**/ (die) **Sprachmittlerin**	ein Mensch, der bei Problemen mit der Sprache hilft
		manchmal	nicht immer
		(der) **Schul-sozialarbeiter**/ (die) **Schul-sozialarbeiterin**	ein Mensch, der in der Schule bei Problemen hilft

GLOSSAR

Text	Seite	schwieriges Wort	Bedeutung
⑩ *Der Elternsprechtag (A1)*	*48*	**üben**	hier: Aufgaben wiederholen
		still	nicht viel sagen
		schlau	weiß viel
		froh	☺
⑩ **Der Elternsprechtag (A2)**	49	(der) **Elternsprechtag**	Tag oder Abend in der Schule, an dem die Eltern mit den Lehrerinnen und Lehrern sprechen
		(der) **Sprachmittler** / (die) **Sprachmittlerin**	eine Person, die von einer Sprache in eine andere übersetzt
		(der) **Schul-sozialarbeiter** / (die) **Schul-sozialarbeiterin**	eine Person, die in der Schule bei Problemen hilft
		üben	hier: Aufgaben wiederholen
		danach	dann
		still	zu ruhig
		schlau	klug
		sich unterstützt fühlen	man weiß, jemand hat einem geholfen
		hinter jemandem stehen	hier: helfen
⑩ **Der Elternsprechtag (B1)**	50	(der) **Elternsprechtag**	Tag oder Abend in der Schule, an dem die Eltern mit den Lehrerin-nen und Lehrern sprechen
		(der) **Sprachmittler** / (die) **Sprachmittlerin**	eine Person, die von einer Sprache in eine andere übersetzt
		(der) **Schul-sozialarbeiter** / (die) **Schul-sozialarbeiterin**	eine Person, die in der Schule bei Problemen hilft

GLOSSAR

Text	Seite	schwieriges Wort	Bedeutung
⑩ *Der Elternsprechtag (B1)*	*50*	(der) **Verbesserungs-bedarf**	Dinge, die verbessert werden müssen
		(das) **Anliegen**	hier: das Problem
		etwas **nachvollziehen**	etwas verstehen
		zurückhaltend	still
		gewissenhaft	ganz genau / mit gutem Gewissen
		(der) **Unterrichtsstoff**	was in der Schule gelernt werden soll
		sich etwas zu Herzen nehmen	stark an etwas denken und es ernst nehmen
		fördern	beim Lernen helfen
⓫ **Layla (A1)**	54	(der) **Rollstuhl**	(im Foto zu sehen)
		sie **fühlt sich wohl**	sie findet den Ort und die Menschen sehr gut
		lächeln	☺
		(die) **Rampe** / (die) **Rampen**	Hilfe für den Rollstuhl an Treppen
		sie kommt **überallhin**	sie kommt an alle Orte
		nett	lieb
		interessant	hier: gut
		spannend	sehr gut
		(das) **Lieblingsfach**	Lieblingsstunde
		glücklich	☺
⓫ **Layla (A2)**	55	(der) **Rollstuhl**	(im Foto zu sehen)
		aus **aller** Welt	aus der ganzen Welt
		Anschluss finden	neue Freundinnen und Freunde finden
		nicken	mit dem Kopf Ja sagen
		(die) **Freundschaft**	Freund
		verständnisvoll	nett und freundlich
		eifrig	fleißig
		barrierefrei	man kommt mit dem Rollstuhl gut durch

GLOSSAR

Text	Seite	schwieriges Wort	Bedeutung
⓫ *Layla (A2)*	*55*	(die) **Rampe**/ (die) **Rampen**	Hilfe für den Rollstuhl an Treppen
		problemlos	ohne Probleme
		neugierig	neue Sachen lernen wollen
		Fortschritte machen	besser werden
		sich verständigen	mit anderen in einer Sprache sprechen
		ihre Familie ist **stolz** auf sie	ihre Familie mag sehr, was sie macht
		unterstützen	helfen
		genießen	sehr mögen
		sich akzeptiert fühlen	zufrieden und willkommen sein
⓫ **Layla (B1)**	56	(der) **Rollstuhl**	(im Foto zu sehen)
		(die) **Gleichaltrigen**	Kinder im gleichen Alter
		interagieren	miteinander umgehen
		sich einleben	es gefällt einem langsam am neuen Ort
		tatkräftig unterstützen	mit viel Mühe helfen
		barrierefrei	man kommt mit dem Rollstuhl gut durch
		(die) **Rampe**/ (die) **Rampen**	Hilfe für den Rollstuhl an Treppen
		bereichern	verbessern
		(die) **Akzeptanz**	Nomen von „akzeptieren“
		(die) **Schulband**	Band, die aus Schülerinnen und Schülern besteht
		musizieren	Musik machen
		sich wertgeschätzt fühlen	Respekt und Hilfe bekommen
⓬ **Tag der offenen Tür (A1)**	59	(der) **Tag der offenen Tür**	alle können an dem Tag die Schule besuchen, nicht nur die Schülerinnen und Schüler

GLOSSAR

Text	Seite	schwieriges Wort	Bedeutung
⓬ *Tag der offenen Tür (A1)*	*59*	**besonderer** Tag/ **Besonderes**	anders/sehr wichtig
		(das) **Menschenrecht**/ (die) **Menschenrechte**	was jeder Mensch haben soll
		aus **aller** Welt	aus der ganzen Welt
		nicken	mit dem Kopf Ja sagen
		(die) **Erde**	Welt
		klatschen	die Hände schnell zusammenschlagen
		toll	sehr gut
⓬ Tag der offenen Tür (A2)	60	(der) **Tag der offenen Tür**	alle können an dem Tag die Schule besuchen, nicht nur die Schülerinnen und Schüler
		sich für ein Thema **entscheiden**	ein Thema nehmen
		präsentieren	zeigen
		(das) **Menschenrecht**/ (die) **Menschenrechte**	was jeder Mensch haben soll
		gleichberechtigt sein	gleich sein
		zustimmen	es auch so finden
		loben	sagen, dass man es gut macht
		aufmerksam	hier: gut zuhören
		(der) **Umweltschutz**	der Natur helfen
		(die) **zukünftigen Generationen**	die Menschen, die nach uns leben
		applaudieren	die Hände schnell zusammenschlagen
		großartig	sehr toll
⓬ Tag der offenen Tür (B1)	61	(der) **Tag der offenen Tür**	alle können an dem Tag die Schule besuchen, nicht nur die Schülerinnen und Schüler
		strömen	schnell kommen
		umfangreich	mit vielen Details

GLOSSAR

Text	Seite	schwieriges Wort	Bedeutung
⑫ *Tag der offenen Tür (B1)*	*61*	**universell**	gilt für alle
		eingeschränkt	mit Grenzen
		nicken	mit dem Kopf Ja sagen
		lebhaft	mit Leben
		(der) **Bestandteil**	Teil von etwas
⓭ **Die Vorbereitungsklasse in der Bibliothek (A1)**	63	(die) **Bibliothek**	ein Ort mit vielen Büchern
		begrüßen	Hallo sagen
		ausleihen	für kurze Zeit bekommen
		(das) **Märchen** / (die) **Märchen**	Buch für Kinder
		(das) **Spiel** / (die) **Spiele**	Nomen zum Verb „spielen“
		nicken	mit dem Kopf Ja sagen
		(das) **Formular ausfüllen**	Papier, auf das man Sachen schreiben muss
		wählen	nehmen
		(die) **Theke**	ein langer Tisch
		(das) **Verlassen**	als alle gehen
⓭ **Die Vorbereitungsklasse in der Bibliothek (A2)**	64	**betreten**	hineingehen
		(der) **Bibliothekar** / (die) **Bibliothekarin**	eine Person, die in einer Bibliothek arbeitet
		begrüßen	Hallo sagen
		(die) **Muttersprache**	die Sprache, die man zuerst lernt
		dort drüben	da hinten
		(das) **Märchen** / (die) **Märchen**	Buch für Kinder
		(die) **Theke**	ein langer Tisch
		ausleihen	für kurze Zeit bekommen
		(das) **Verlassen**	als alle gehen
		(der) **Schatz** / (die) **Schätze**	sehr wertvolle Sache(n)
		zustimmen	es auch so finden

GLOSSAR

Text	Seite	schwieriges Wort	Bedeutung
⓭ **Die Vorbereitungsklasse in der Bibliothek (B1)**	65	(der) **Bibliothekar** / (die) **Bibliothekarin**	eine Person, die in einer Bibliothek arbeitet
		ausprobieren	testen
		ausleihen	für kurze Zeit leihen
		(die) **Ausleihtheke**	Tisch zum Ausleihen von Büchern

LÖSUNGEN

1 DER ERSTE SCHULTAG

Aufgabe 1: Was steht im Text? Kreuze an.

	Ja	Nein
Es ist der erste Schultag in Lengerskirchen.	X	
Alle Kinder gehen zur Goethe-Schule.		X
Einige Kinder sind neu in Deutschland.	X	
Jana spielt keine Lieder.		X
Omar und Sami aus Syrien wollen Polizisten werden.		X
Fahim aus Afghanistan spielt nicht gerne Fußball.		X
Emre aus der Türkei ist 16 Jahre alt.		X
Die Kinder sprechen in der Pause über ihre Hobbys.	X	
Die Kinder freuen sich auf den nächsten Schultag.	X	

Aufgabe 3: Wer ist wer?

Jana spielt gerne Lieder. Omar und Sami wollen Ärzte werden. Ali ist gerne draußen mit seiner Familie. Fahim spielt gerne Fußball. Emre liebt Filme.

Aufgabe 7: Wortsuche

O	J	Z	Z	R	M	E	T	L	Y
Z	W	U	H	C	B	T	H	R	U
E	Y	S	Y	T	Q	Q	A	C	U
S	P	A	U	S	E	J	S	P	J
Z	D	M	L	I	M	H	G	W	L
J	K	M	W	U	B	X	R	I	W
B	I	E	H	H	E	R	U	M	H
L	Ä	N	D	E	R	J	H	Q	Z
V	T	Z	Y	B	H	O	B	B	Y
R	L	I	E	D	E	R	F	Q	Z

LÖSUNGEN

2 RAD FAHREN

Aufgabe 1: Was steht im Text? Kreuze an.

	Ja	Nein
Alis Vater gibt ihm ein Rad.		X
Jana hat schon ihren kleinen Brüdern das Fahrradfahren erklärt.	X	
Ali und Jana fanden den Tag nicht schön.		X
Ali gefällt es in Deutschland.	X	
Ali und Jana sind jetzt Freunde.	X	

Aufgabe 6: Wortsuche

U	W	R	K	O	L	M	O	D	G	U	R	S	A	N
Ü	U	D	E	E	B	Y	M	W	D	W	U	W	E	V
B	N	D	W	J	J	M	W	L	J	P	N	V	R	U
E	Z	**F**	K	W	I	Y	T	Y	X	C	L	O	E	B
N	U	**A**	E	Q	C	**L**	**E**	**B**	**E**	**N**	L	E	L	S
K	J	**H**	I	E	F	A	N	K	H	F	H	G	E	Y
U	Y	**R**	Z	**W**	**O**	**C**	**H**	**E**	**N**	**E**	**N**	**D**	**E**	**U**
T	E	**R**	E	Z	S	Y	J	G	G	J	R	W	E	**N**
F	W	**A**	G	A	A	L	A	A	O	S	N	P	Z	**S**
Z	D	**D**	N	L	**H**	P	F	B	I	X	H	D	M	**I**
B	J	**T**	N	R	**I**	R	H	T	A	L	V	B	F	**C**
Q	F	**O**	I	K	**L**	Q	S	Y	V	X	W	I	Y	**H**
Y	U	**U**	S	N	**F**	S	V	D	M	N	C	I	I	**E**
G	V	**R**	H	N	**E**	N	I	Q	S	P	E	Y	M	**R**
R	G	X	P	A	N	N	V	Y	S	T	O	G	L	L

LÖSUNGEN

❸ SAMI UND OMAR

Aufgabe 1: Was steht im Text? Kreuze an.

	Ja	Nein
Sami und Omar sind mit ihren Eltern in Deutschland.		X
Sie wollen ihren Eltern schreiben.	X	
Sie wohnen jetzt bei ihrem Onkel.		X
Die Brüder lernen viel Deutsch.	X	
Sie wollen keine Deutschen als Freunde.		X
Omar ist oft traurig.	X	
Zusammen sind die Jungen stark.	X	

❹ FAHIMS ERSTES FUßBALLTRAINING

Aufgabe 1: Was passiert in der Geschichte? Ordne die Sätze in die richtige Reihenfolge. Schreibe die Zahlen 1 bis 6 in die Kästchen.

[4] Der Trainer begrüßt Fahim.
[2] Seine Schwester Zahab sitzt schon am Tisch und trinkt Tee.
[1] Fahim ist aufgeregt, als er morgens aufsteht.
[5] Das Training macht ihm Spaß.
[6] Fahim liegt glücklich im Bett.
[3] Er nimmt das schwarze T-Shirt.

❺ EIN AUSFLUG INS MUSEUM

Aufgabe 1: Welche Antwort ist richtig? Kreuze an:

Frage 1: Wer zeigt den Schülerinnen und Schülern das Museum?
B) Marie

Frage 2: Was sehen die Schülerinnen und Schüler im Museum zuerst?
C) Bilder von neuen Künstlerinnen und Künstlern

Frage 3: Wie fühlt sich Sami, als er die Kunst sieht?
B) Sie erinnert ihn an Damaskus.

Frage 4: Was sagt Sofia über die Kunst?
B) Sie findet die Farben schön.

Frage 5: Woraus besteht die Kunst, die wie ein Regenbogen aussieht?
C) Aus bunten Flaschen

Frage 6: Was machen die Schülerinnen und Schüler am Ende des Ausflugs?
B) Sie machen eigene Bilder.

LÖSUNGEN

❻ ROHATS NEUER ANFANG

Aufgabe 1: Welche Antwort ist richtig? Kreuze an:

Frage 1: Wie lange lernt Rohat schon Deutsch in der Schule?
B) Zwei Jahre
Frage 2: Was hat Rohat bekommen?
A) Einen Brief
Frage 3: Wo wird Rohat bald arbeiten?
C) In einer Autowerkstatt
Frage 4: Was möchte Rohat vor den Sommerferien bekommen?
B) Ein gutes Zeugnis
Frage 5: Wer hilft Rohat beim Lernen?
B) Seine Lehrerin
Frage 6: Was macht Rohat am Wochenende?
C) Er geht mit seiner Familie in den Park.

❼ OLENAS WEBSEITE

Aufgabe 1: Welche Antwort ist richtig? Kreuze an:

Frage 1: Woher kommt Olena?
B) Aus der Ukraine
Frage 2: Was ist schwer für Olena?
C) Deutsch
Frage 3: Was mag Olena?
A) Computer und Programmieren
Frage 4: Warum macht Olena eine Webseite?
B) Um Deutsch zu lernen
Frage 5: Was machen die Jungen und Mädchen auf der Webseite?
A) Sie schreiben über sich und ihre Hobbys
Frage 6: Wo treffen sich Olena und ihre Partnerin Lisa?
B) Im Park

❽ DAS BASKETBALLTURNIER

Aufgabe 1: Welche Antwort ist richtig? Kreuze an:

Frage 1: Was ist Samis Meinung über Basketball?
B) Es ist ein Teamsport.
Frage 2: Was macht Anna?
C) Sie möchte Basketball versuchen.
Frage 3: Wer hilft der Klasse beim Üben?
C) Der Lehrer
Frage 4: Was wird über Omar gesagt?
B) Er ist sehr groß.

LÖSUNGEN

Frage 5: Wie endet das Spiel der Klasse?
C) Sie gewinnt.
Frage 6: Was ist die Reaktion Schülerinnen und Schüler nach dem Turnier?
B) Sie sind froh und stolz.

9 DER HOCHSEILGARTEN

Aufgabe 1: Welche Antwort ist richtig? Kreuze an.

Frage 1: Wohin geht die Klasse heute?
C) In einen Hochseilgarten
Frage 2: Wer begleitet die Klasse?
B) Frau Ammer
Frage 3: Wer hat im Hochseilgarten Angst?
C) Amir
Frage 4: Was sagt Ali, als er nach oben schaut?
C) „Wow!“
Frage 5: Was macht Maria, als sie klettert?
C) Sie ist vorsichtig.
Frage 6: Wer hilft Amir beim Klettern?
C) Fatima

10 DER ELTERNSPRECHTAG

Aufgabe 1: Welche Antwort ist richtig? Kreuze an.

Frage 1: Was ist heute in der Schule von Lengerskirchen?
C) Ein Elternsprechtag
Frage 2: Wer ist nervös?
B) Die Schülerinnen und Schüler
Frage 3: Womit hat Ali in der Schule Probleme?
B) Mit Mathe
Frage 4: Was sagt Frau Ammer über Maria?
B) Sie soll mehr sprechen.
Frage 5: Was vergisst Amir oft?
B) Seine Hausaufgaben
Frage 6: Was braucht Fatima?
A) Hilfe beim Lesen

LÖSUNGEN

⓫ LAYLA

Aufgabe 3: Wortsuche

F	S	B	F	N	D	N	R	G	K	Q	U	U	Z	N
Y	R	A	M	P	E	N	O	A	N	C	S	R	T	E
D	L	W	K	W	I	L	L	K	O	M	M	E	N	H
A	F	I	Q	K	M	Y	L	B	L	V	F	E	P	Q
U	S	L	O	E	G	P	S	C	D	N	Y	W	D	T
L	W	L	L	L	L	B	T	H	Z	C	Y	N	N	S
M	N	K	P	O	Ü	A	U	Q	E	U	W	T	E	U
Q	W	O	Y	I	C	E	H	T	P	T	J	J	C	T
W	R	M	D	L	K	M	L	Z	X	E	R	I	B	H
U	P	M	T	W	L	F	J	W	T	K	A	W	A	H
L	I	E	B	L	I	N	G	S	F	A	C	H	O	Z
S	E	N	U	C	C	Q	X	Q	U	A	X	M	T	Z
D	W	N	L	I	H	U	I	C	J	R	A	U	N	H
K	O	S	Q	V	L	R	B	P	G	T	I	V	H	J
D	K	Z	F	I	U	A	M	E	P	J	S	A	R	Q

⓬ TAG DER OFFENEN TÜR

Aufgabe 1: Was steht im Text? Kreuze an.

	Ja	Nein
Heute ist ein normaler Schultag.		X
Die Klasse redet über Menschenrechte.	X	
Fatima sagt, Kinder müssen nicht zur Schule gehen.		X
Maria spricht über Umweltschutz.		X
Alis Bild zeigt die Erde.	X	

⓭ DIE VORBEREITUNGSKLASSE IN DER BIBLIOTHEK

Aufgabe 1: Was steht im Text? Kreuze an.

	Ja	Nein
In der Bibliothek gibt es nur deutsche Bücher.		X
Es gibt Bücher über Sport.	X	
Spiele kann man nicht ausleihen.		X
Maria nimmt ein Märchenbuch.	X	
Man braucht eine Karte zum Ausleihen.	X	